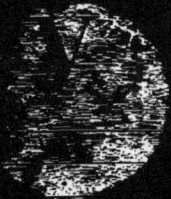

MÉTHODE

DU

CHANT ECCLÉSIASTIQUE

PAR

M. L'ABBÉ BEAUGEOIS

AMIENS

TYPOGRAPHIE LAMBERT-CARON

IMPRIMEUR-LIBRAIRE DE MONSEIGNEUR L'ÉVÊQUE

PLACE DU GRAND-MARCHÉ

1863

APPROBATION.

Sur le rapport favorable qui nous en a été fait par l'un de nos Vicaires-Généraux, nous avons approuvé l'impression de la Méthode du Chant ecclésiastique par M. l'abbé Beaugeois, et nous en autorisons l'usage dans notre Diocèse.

Amiens, le 26 février 1862.

† JACQUES-ANT., Évêque d'Amiens.

AVERTISSEMENT DE L'AUTEUR

Une Méthode du chant ecclésiastique doit avoir pour objet principal d'enseigner la véritable expression que l'on doit donner à chaque syllabe, soit dans la lecture, soit dans le chant du latin. Nous avons donc recherché et tracé les règles de cette prononciation, de cette quantité pratique que l'on doit observer dans les offices de l'Église. Ces règles, fondées sur les principes incontestables de la relation des syllabes entre elles, consistent à considérer, comme fortes et faibles alternativement, toutes les syllabes, dans un ordre déterminé par la position de la syllabe aiguë du mot auquel elles appartiennent, ou, pour les monosyllabes, avec lequel ils font corps. Nous avons fait l'application de ces règles dans les divers chants ecclésiastiques, dans le plain-chant, dans le chant psalmodique, et dans le chant métrique ; de manière à mériter les suffrages des hommes judicieux et compétents. Dans le désir de nous mettre à l'abri des poursuites de la vaine chicane, nous aurions bien voulu pouvoir faire droit à certains usages vulgaires, routiniers : mais considérant que ces usages ne sont nullement fondés en principes, qu'ils sont au contraire mauvais, irréguliers, intolérables ; nous avons dû les rejeter entièrement. Aussi ce n'est pas sans quelque confiance que nous nous permettons d'offrir à messieurs les Ecclésiastiques, aux Élèves des séminaires et aux amateurs, cette nouvelle Méthode du chant ecclésiastique, que Msr l'Évêque d'Amiens, intéressé par l'excellence et la rectitude des règles qu'elle contient, aussi bien que par les moyens d'exécution, ingénieux, simples et faciles, qu'elle présente, a bien voulu honorer de son approbation pour être mise en usage dans son diocèse.

On trouvera dans notre grande Méthode de chant, de près de 500 pages, d'amples développements et de nombreux exemples; la prononciation propre des diverses syllabes du latin ; l'ordre et les rubriques du chant du chœur ; les éléments de la musique ; une collection de pièces de chant en musique et en plain-chant avec accompagnement, d'une mélodieuse harmonie et de facile exécution, pour saluts et autres circonstances; les faux-bourdons des tons les plus usités; un recueil complet de proses ou cantiques latins où la quantité prosaïque des syllabes est parfaitement en rapport avec les notes correspondantes; plusieurs ordinaires de Messe choisis et adaptés aux différentes classes des offices; la théorie et le doigté des divers serpents et ophicléïdes avec les transpositions d'usage dans le plain-chant; enfin un traité d'harmonie où l'on expose les principes et les règles des accords et de l'accompagnement.

Cette Méthode a pour complément un choix de 500 cantiques sur les plus beaux airs anciens et nouveaux, au nombre de plus de 400, en musique, dont plusieurs avec accompagnement, formant deux autres volumes, par le même auteur.

PREMIÈRE PARTIE.

PRINCIPES DU CHANT EN GÉNÉRAL.

Le Chant est l'art de produire des sons agréables à l'oreille.

CHAPITRE PREMIER.

DE LA NOTATION ET DE L'EXERCICE DU CHANT.

1° Pour désigner les différents sons du Chant, on a imaginé sept syllabes, savoir : *ut, ré, mi, fa, sol, la, si ;* lesquelles peuvent se répéter, soit en montant, soit en descendant, à mesure que les sons deviennent plus aigus ou plus graves. Ces syllabes se figurent par certaines *notes* que l'on place sur plusieurs lignes parallèles et dans les intervalles de ces lignes. On emploie ordinairement quatre lignes dans le Plain-Chant et cinq dans la Musique.

La réunion de ces lignes se nomment *Portée*. La première ligne est la plus basse.

Une figure qu'on appelle *Clef*, sert à faire connaître le nom des notes, d'après la place qu'elles occupent.

En Plain-Chant, il y a deux sortes de clefs : l'une est la clef d'*ut*, ainsi figurée : ; l'autre, la clef de *fa*: . En Musique, on fait usage de trois sortes de clefs, de la clef

d'*ut* : ; de la clef de *sol* : ; et de la clef de *fa* : ;

et toutes les notes qui sont sur les mêmes lignes que ces clefs, sont des *ut*, des *fa*, des *sol* : d'où il est facile de conclure la position des autres notes qui sont rangées dans cet ordre consécutif : *ut, ré, mi, fa, sol, la si, ut,* en montant ; et *ut, si, la, sol, fa, mi, ré, ut,* en descendant.

Cette suite de notes que nous venons d'indiquer, s'appelle *Gamme*.

EXEMPLE :

ut, si, la, sol, fa, mi, ré, ut, ré, mi, fa, sol, la, si, *ut*.

la, sol, *fa*, mi, ré, ut, si, la, si, ut, ré, mi, *fa*, sol, la.

sol, la, si, ut, ré, mi, fa, sol, fa, mi, ré, ut, si, la, sol.

fa, mi, ré, ut, si, la, sol, fa, sol, la, si, ut, ré, mi, *fa*.

2° La différence de sons ou l'intervalle de chaque degré de la gamme au degré supérieur ou inférieur, est d'un *ton*, ou d'un *demi-ton*. Le demi-ton est le plus petit intervalle que la voix puisse exécuter.

Entre les notes *mi* et *fa*, *si* et *ut*, il n'y a qu'un demi-ton ; et entre toutes les autres notes, il y a un ton plein.

Cependant, une figure qu'on appelle *Bémol* ♭ se trouvant sur le même degré que les notes *mi*, *si*, ou toute autre note, comme il arrive souvent en musique, indique qu'il faut baisser le son de ces notes d'un demi-ton ; et dans ce cas, il n'y aura plus qu'un demi-ton entre les notes *la* et *si*, *ré* et *mi* ; et il y aura un ton plein entre *si* et *ut*, *mi* et *fa*. On rétablit ce *si* ou ce *mi* dans son ton naturel en plaçant sur le même degré que ces notes, cette figure ♮, que l'on nomme *Bécarre*.

Il est aussi une autre figure, peu usitée en Plain-Chant, laquelle au contraire fait hausser d'un demi-ton la note sur le degré de laquelle elle est placée : c'est le *Dièse*, ainsi figuré ♯.

Le bémol ou le dièse, placés à la clef, font baisser ou hausser, dans toute l'étendue de la portée et à l'octave, les notes qui se trouvent sur le même degré. Ces mêmes signes, placés accidentellement dans le courant de la portée, ne font hausser ou baisser que les premières notes suivantes, ou les notes de la même mesure, comme en musique.

3° L'Élève commencera par *solfier* les gammes suivantes. (Solfier, c'est chanter en nommant les notes). Il aura soin de commencer toujours par le même son de voix, soit en montant, soit en descendant, et d'observer le demi-ton entre *si* et *ut*, entre *mi* et *fa*.

1° *Gamme en* UT.

ut, ré, mi, fa, sol, la, si, ut ; — ut, si, la, sol, fa, mi, ré, ut.

2° *Gamme en* RÉ.

ré, mi, fa, sol, la, si, ut, ré ; — ré, ut, si, la, sol, fa, mi, ré.

3° *Gamme en* MI.

mi, fa, sol, la, si, ut, ré, mi ; — mi, ré, ut, si, la, sol, fa, mi.

4° *Gamme en* FA.

fa, sol, la, si, ut, ré, mi, fa ; — fa, mi, ré, ut, si, la, sol, fa.

5° *Gamme en* SOL.

sol, la, si, ut, ré, mi, fa, sol ; — sol, fa, mi, ré, ut, si, la, sol.

6° *Gamme en* LA.

la, si, ut, ré, mi, fa, sol, la ; — la, sol, fa, mi, ré, ut, si, la.

7° *Gamme en* SI.

si, ut, ré, mi, fa, sol, la, si ; — si, la, sol, fa, mi, ré, ut, si.

Il est facile de voir qu'un tel exercice, souvent et longtemps répété, mettra l'élève à même de distinguer et d'apppécier la valeur des tons et des demi-tons ; et il aura bien avancé et montrera beaucoup de disposition, s'il exécute ces gammes d'une manière juste.

4° Ensuite il solfiera des gammes avec des intervalles de plusieurs notes ; puis différentes pièces des livres notés, en haussant ou baissant d'autant de tons et de demi-tons qu'il s'en compte dans les intervalles.

Voici les noms des différents intervalles qu'il est bon de connaître.

L'intervalle de deux notes, comme de *ut* à *ré* en montant, de *ut* à *si* en descendant, s'appelle seconde ; l'intervalle de trois notes, tierce ; de quatre notes, quarte ; de cinq notes, quinte ; de six notes, sixte ; de sept notes, septième ; de huit notes, octave ; de neuf notes, neuvième ; et ainsi de suite.

Les intervalles sont ou naturels ou altérés : naturels, s'ils se trouvent dans l'ordre naturel de la gamme ; altérés, s'ils ne se trouvent point dans l'ordre naturel de la gamme.

Les intervalles naturels, à l'exception de l'octave, sont ou majeurs ou mineurs. Les intervalles majeurs ont un demi-ton de plus que les mineurs. Lorsque deux notes sont sur le même degré, elles sont à l'*unisson*, à moins que l'une d'elles ne soit modifiée par dièse, bémol ou bécarre.

Les intervalles altérés sont ou augmentés ou diminués. Les intervalles augmentés ont un demi-ton de plus que les majeurs ; et les diminués, un demi-ton de moins que les mineurs.

EXEMPLES ET EXERCICES D'INTERVALLES NATURELS.

1° De secondes mineures.

Intervalles d'un demi-ton.

2° De Secondes majeures.

D'un ton.

3° De Tierces mineures.

D'un ton et d'un demi-ton.

4° De Tierces majeures.

De deux tons.

5° De Quartes mineures dites justes.

De deux tons et d'un demi-ton.

6° De Quarte majeure, dite triton ou fausse-quarte.

De trois tons.

7° De Quinte mineure, dite fausse-quinte.

De deux tons et deux demi-tons.

8° De Quintes majeures, dites justes.

De trois tons et d'un demi-ton.

9° De Sixtes mineures.

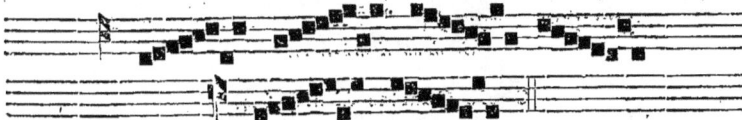

De trois tons et deux demi-tons.

10° De Sixtes majeures.

De quatre tons et d'un demi-ton.

1.

11° De Septièmes mineures.

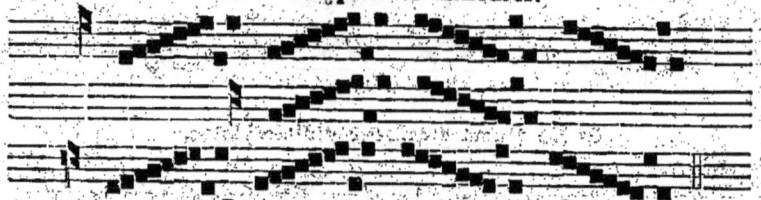

De quatre tons et deux demi-tons.

12° De Septièmes majeures.

De cinq tons et d'un demi-ton.

13° D'Octaves.

De cinq tons et deux demi-tons.

On peut faire autant d'octaves différentes qu'il y a de notes dans la gamme.

EXEMPLES ET EXERCICES D'INTERVALLES ALTÉRÉS.

1° De Secondes augmentées ou superflues.

Intervalle d'un ton et demi.

2° De Tierces diminuées.

De deux demi-tons.

3° De Quartes diminuées.

D'un ton et de deux demi-tons.

4° De Quintes augmentées.

De deux tons, d'un demi-ton et d'un ton et demi.

5° De Sixtes augmentées.

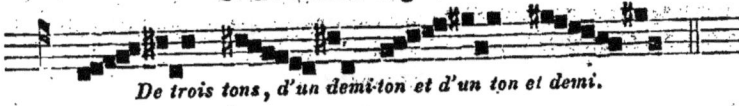

De trois tons, d'un demi-ton et d'un ton et demi.

6° De Septième diminuée.

De trois tons et trois demi-tons.

L'octave n'est qu'un unisson renversé qui ne s'altère point.

On peut remarquer que les intervalles majeurs renversés, deviennent des intervalles mineurs, et réciproquement ; et que les intervalles augmentés renversés, deviennent des intervalles diminués, et réciproquement.

Ainsi la seconde mineure renversée est une septième majeure.

La seconde majeure, une septième mineure.

La tierce mineure, une sixte majeure.

La tierce majeure, une sixte mineure.

La quarte mineure, une quinte majeure.

La quarte majeure, une quinte mineure.

La seconde augmentée, une septième diminuée.

La tierce diminuée, une sixte augmentée.

La quarte diminuée, une quinte augmentée.

5° Quand l'élève chantera assez facilement les notes, il y joindra les paroles du livre : pour cela, on choisira d'abord les pièces les plus faciles ; et dans le commencement il chantera encore les notes, *trois ou quatre à la fois*, avant les paroles, comme dans l'exemple suivant :

ré, sol, la, sol : Lau-da, Si-on, *ut, si, la, sol :* Sal-va-tó-rem,

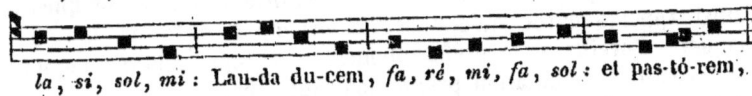

la, si, sol, mi : Lau-da du-cem, *fa, ré, mi, fa, sol :* et pas-tó-rem,

la, si, la, sol, fa, sol, sol : In hym-nis et cán-ti-cis.

Quand plusieurs notes sont jointes ensemble, elles appartiennent à la même syllabe dont on prolonge le son, comme a, e, ... sur chaque note, sans articuler, sans aspirer; évitant de chanter par secousse, mais passant d'une note à l'autre par un filet de voix qui lie ces notes ensemble.

EXEMPLE.

Re-gi-na cœ-li, læ-tá-re, al-le-lú-ia.

Dans le chant comme dans la lecture on ne doit pas oublier d'observer une prononciation correcte. Par exemple, en latin, l'*e* suivi d'une consonne dans la même syllabe, prend toujours le son de l'*è* ouvert: *excèlsus; potèntèm, règnum, èxivit*.

CHAPITRE SECOND.

ORIGINE ET DISTINCTION DES TONS ET DES MODES.

1° Comme nous avons dit, la gamme ou l'octave est composée de cinq tons et de deux demi-tons: la gamme où les demi-tons se trouvent placés entre la troisième et la quatrième note, et entre la septième et la huitième note, comme dans la gamme qui commence et finit par *ut*, et qu'on appelle pour cela TON D'UT, constitue le mode le plus parfait et le plus naturel que j'appelle mode modèle ou mode primitif. Toutes les autres gammes où les demi-tons se trouvent diversement placés relativement à la première note, comme dans les tons ou gammes de *ré*, de *mi*, de *fa*, de *sol*, de *la*, de *si*, peuvent former autant de modes différents.

Comme l'on voit, les différents modes se distinguent par la composition de l'octave qui leur est propre; et les différents tons, par le nom de la première note de l'octave, dite finale ou tonique, et ainsi appelée parce qu'elle est la principale note du ton, sur laquelle l'oreille aime préférablement à se reposer et par laquelle se termine la modulation propre de chaque ton.

En Plain-Chant, l'on confond souvent le nom de mode avec celui de ton, parce qu'en effet, comme en Plain-Chant on y fait peu d'usage du bémol ou du dièse à la clef, le nom du ton fait souvent assez connaître le mode du chant.

Les anciens ont rejeté un mode qui leur a paru trop dur, savoir le mode de *si*, à cause de la quinte mineure, dite fausse quinte, qui existe du *si* au *fa* en montant, et de la quarte majeure, dite triton, du *si* au *fa* en descendant, et ils ont admis les six autres modes sur les finales *ré*, *mi*, *fa*, *sol*, *la* et *ut*. Mais comme il y avait deux manières de placer les modulations, soit toutes au-dessus de la finale, soit les unes au-dessous et les autres au-dessus, on fit deux modes sur chaque finale, l'un qu'on appela *mode supérieur*, parce que les modulations y sont supérieures à la finale; l'autre, *mode inférieur*, parce qu'il admet des modulations au-dessous de la finale. Il y eut donc douze modes, six supérieurs et six inférieurs. Les six modes supérieurs ayant été cotés des nombres impairs, 1, 3, 5, 7, 9, 11, furent appelés *modes impairs*; les six modes inférieurs ayant été cotés des nombres pairs, 2, 4, 6, 8, 10, 12, furent appelés *modes pairs*. Les modes pairs et impairs qui ont la même finale, sont relativement appelés *compairs*. Ainsi le premier et le deuxième mode, qui ont tous deux pour finale *ré*, sont des *modes compairs*.

2° Un mode n'a ordinairement que l'étendue d'une octave. Dans les modes supérieurs ou impairs, il monte de la finale à la quinte et de la quinte à la quarte au-dessus. Dans les modes inférieurs ou pairs, il monte à la quinte au-dessus de la finale, et descend à la quarte au-dessous. Néanmoins, il n'est pas nécessairement renfermé dans ces bornes; il peut avoir quelques notes de plus qu'une octave soit en haut, soit en bas; mais alors elles sont empruntées du mode compair, et il prend le nom de *mode mixte* et du nombre impair, comme plus noble.

3° Les modernes ont réduit ces douze modes à huit, qu'on appelle communément les *huit tons* du Plain-Chant, en rapportant le neuvième au premier, le dixième au second, le onzième au cinquième et le douzième au sixième, et cela pour raison d'analogie quant à la composition de l'octave; et d'autant plus que dans le premier et le second ton, dans le cinquième et le sixième ton, il faut souvent mettre un bémol sur le *si*, pour obvier au triton qui se trouve du *fa* au *si* en montant, et à la fausse quinte qui a lieu du *fa* au *si* en descendant: d'où il résulterait à dire vrai, qu'ils ont supprimé les tons de *ré* et de *fa*, puisque les tons de *ré* et de *fa* avec un bémol sur le *si* sont absolument les mêmes que les tons de *la* et d'*ut*, quant à la composition de l'octave.

4° Ces *huit* tons sont dits *réguliers*, quand ils conservent les finales qui sont propres aux huit premiers modes dont nous avons parlé, savoir: *ré*, *mi*, *fa*, *sol*; et *irréguliers*, quand ils ont des finales différentes : ce qui arrive, par exemple, quand ils sont un des modes rapportés non transposés, *la* et *ut*.

5° Pour reconnaître de quel ton est une pièce de chant, quand ce ton n'est pas désigné par un chiffre, il faut faire attention à la finale : mais comme la même finale convient à deux tons compairs, on se souviendra, pour les distinguer, que dans les tons impairs, la finale se trouve être à-peu-près la plus basse note du ton; et dans les tons pairs, la finale est placée vers le milieu du ton.

Lorsque plusieurs pièces de chant se succèdent, il est bon de les chanter à l'unisson, c'est-à-dire de donner le même son à la Dominante du ton suivant qu'à la Dominante du ton précédent. En Plain-Chant on appelle vulgairement *Dominante*, la note sur laquelle le chant d'un ton roule davantage ou plus naturellement.

FINALES ET DOMINANTES DES HUIT TONS RÉGULIERS.

	Finales.	Dominantes.
1er ton	ré	la.
2e	ré	fa.
3e	mi	ut.
4e	mi	la.
5e	fa	ut.
6e	fa	la.
7e	sol	ré.
8e	sol	ut.

FINALES ET DOMINANTES ORDINAIRES DES TONS IRRÉGULIERS.

	Finales.	Dominantes.
1er ton	la	mi.
2e	la	ut.
4e	la	ré.
5e	ut	sol.
6e	ut	mi.

SECONDE PARTIE.

RÈGLES DU CHANT ECCLÉSIASTIQUE.

Le latin, qui est la langue usitée dans le chant de l'Eglise, a une prononciation, une quantité propre dont il n'est point permis d'enfreindre les règles ; et le chant n'est bon., n'est tolérable même, qu'autant qu'on les observe fidèlement. De la connaissance et de l'observation de la quantité syllabique du latin dépend donc la bonne rédaction comme la parfaite exécution du chant ecclésiastique.

CHAPITRE PREMIER.

DE LA QUANTITÉ SYLLABIQUE DU LATIN.

On distingue deux sortes de quantités : 1° la quantité poétique, qui indique les syllabes longues et les syllabes brèves ; 2° la quantité prosaïque, qui indique les syllabes fortes et les syllabes faibles.

La quantité poétique ne peut guères s'observer qu'en poésie, dans les hymnes, par exemple ; si toutefois il convient et si même il est possible de l'observer rigoureusement. Mais il est certain qu'on ne peut et qu'on ne doit pas l'observer en prose. Il faudrait une mémoire prodigieuse, une attention extrême pour reconnaître et observer à l'instant la quantité propre de chaque syllabe ; et la lecture en deviendrait tellement pesante et embarrassée, qu'elle perdrait cette grâce, ce nombre, cette cadence qui plaît tant à l'oreille. Il a donc fallu admettre pour le chant comme pour la lecture du latin, une quantité plus simple, plus pratique, et qui s'appelle pour cela *Quantité prosaïque*.

Cette quantité prosaïque résulte de la position et de l'observation de *la syllabe aiguë*; laquelle est ainsi appelée, parce que dans les livres liturgiques comme dans les plus anciennes grammaires latines, cette syllabe est marquée ou censée marquée de l'accent aigu.

Sont considérées comme syllabes aiguës ou marquées de l'accent aigu :

1° La pénultième des mots de plus de deux syllabes, lorsque cette pénultième est longue, comme la syllabe pá dans palpábunt.

2° L'antépénultième des mots de plus de deux syllabes, dont la pénultième est brève, comme les syllabes Dó, gló, dans Dóminus, glória.

3° La première des mots de deux syllabes, comme les syllabes Dé, vér, dans Déus, vérbum.

4° Le premier de deux monosyllabes plus prochainement unis ensemble qu'avec le mot précédent et le mot suivant, comme ín, dans ín-te, ín-te sperávi, sperávi ín-te, qui-ín-te-sunt.

Dans la prononciation du latin il est de règle de peser fortement sur la syllabe aiguë, comme l'on fait, par exemple, sur les syllabes Dó, tú, pá, dans les mots Dóminus, virtútum, palpábunt : d'où l'on conclut que la syllabe qui précède et celle qui suit immédiatement cette syllabe aiguë, sont relativement moins fortes ou plus faibles. Mais comme le même effet alternatif de temps fort et de temps faible doit aussi naturellement se faire sentir sur les autres syllabes du même mot ; *les syllabes sont donc alternativement fortes et faibles dans un ordre déterminé par la position de la syllabe aiguë du mot auquel elles appartiennent, ou, pour les monosyllabes, avec lequel ils font corps et dont ils dépendent pour la prononciation.*

Ainsi dans fundaméntum les syllabes fun, mén, sont fortes, et les syllabes da, tum, sont faibles ; dans fundamentórum les syllabes fun, men, rum, sont faibles, et les syllabes da, tó, sont fortes ; dans Apostolórum les syllabes A, to, rum, sont faibles, et les syllabes pos, ló, sont fortes ; dans apostólicam les syllabes a, tó, cam, sont fortes, et les syllabes pos, li, sont faibles ; dans Déus, vérbum, les syllabes Dé, vér, sont fortes, et les syllabes us, bum, sont faibles. Dans ín-te, le monosyllabe ín est fort, et te, faible ; dans ín-te-est les monosyllabes ín, est, sont forts, et te est faible ; dans est-ín-te, est, te, sont faibles, et ín est fort ; dans ad-Dóminum, ad est faible ; dans in-princípio, in est fort ; dans díligam-te, te est faible ; dans portábunt-te, te est fort, et dans consolátus-es-me, es est fort et me faible. Dans les exemples précédents le trait d'union (-) indique les mots avec lesquels les monosyllabes font corps et dont ils dépendent pour la prononciation.

La règle qui considère comme syllabes aiguës la première des mots de deux syllabes, et le premier de deux monosyllabes prochainement unis ensemble, est fondée sur ce principe en quelque sorte naturel qui veut que de deux syllabes corrélatives, telles que Déus, vérbum, ín-te, la première soit plus forte que la seconde; de même que, dans une mesure de musique, le premier temps est naturellement plus fort que le second : d'où il suit qu'une syllabe forte a toujours pour corrélative la syllabe faible suivante, ou qu'une syllabe faible a toujours pour corrélative la syllabe forte précédente.

Cette quantité prosaïque dont les conséquences sont immenses, et que l'on doit observer sans affectation pourtant, est tellement rigoureuse et invariable, que quoique l'on puisse faire longues ou brèves de suite, toutes les syllabes ou plusieurs syllabes du même mot, il n'est cependant jamais permis de renverser l'alternative des syllabes fortes et des syllabes faibles; c'est-à-dire, de peser plus fort sur les syllabes faibles que sur les syllabes fortes corrélatives. Dans le mot inviolàta, par exemple, on manquerait à cette règle, si l'on faisait longue la syllabe o, et en même temps brève la syllabe vi corrélative : on doit au contraire faire longue la syllabe vi, et brève la syllabe o. Sinon, on doit les faire toutes les deux brèves ou toutes les deux longues.

Il sera très-utile de se servir de livres notés avec les accents aigus sur le texte; parce que la notation même la plus régulière ne peut suppléer au défaut d'accents aigus. Les notes indiquent bien le ton du chant; mais c'est à l'accent aigu à en diriger l'expression. Dans les mots de deux syllabes la première est toujours censée marquée de l'accent aigu qu'il est d'usage de supprimer : mais dans les autres mots on ne doit jamais manquer d'accentuer les syllabes aiguës.

Dans la notation du Plain-Chant il est bon de séparer 1° chaque mot par une petite barre ($\ddagger$), excepté les monosyllabes d'avec les mots auxquels ils appartiennent plus prochainement; 2° les phrases et principaux membres de phrase, par une grande barre ($\ddagger$); 3° la fin de chaque reprise ou pièce de chant, par une double barre ($\ddagger$).

L'analogie qui existe entre la quantité prosaïque et la quantité poétique a fait donner aussi le nom de longues aux syllabes fortes, et le nom de brèves aux syllabes faibles; soit parce que les syllabes fortes se prononcent plus longuement que les syllabes faibles corrélatives, *producuntur*, dit Gavantus, et les faibles, plus rapidement que les fortes, *proripiuntur*; ou parce que les syllabes fortes font l'office de longues, et les faibles, l'office de brèves. Ainsi dans les exemples suivants de lecture ou de chant prosaïque, empruntant les notes du plain-chant, les syllabes fortes sont indiquées par la note carrée (■), et les syllabes faibles, par la note dite rhomboïde (◆). Seulement la syllabe forte aiguë est distinguée par la note carrée à queue (♩); la pénultième syllabe faible des mots de plus de deux syllabes, par la losange (◆), attendu que cette syllabe est toujours une syllabe brève; et la syllabe faible finale, par la note carrée (■), à cause du repos qui se fait ordinairement sur cette syllabe, surtout si le mot suivant commence par une syllabe faible, ou s'il n'est pas uni très-prochainement au mot précédent.

Di-xit Dó-mi-nus Dó-mi-no mé-o : sé-de a déx-tris mé-is. Dó-

nec pó-nam i-ni-mí-cos tú-os, sca-bél-lum pé-dum tu-ó-

rum. Vir-gam vir-tú-tis tú-æ e-mit-tet Dó-mi-nus ex Si-on :

Do-mi-ná-re in mé-di-o i-ni-mi-có-rum tu-ó-rum. Té-cum

principium in di-e vir-tú-tis tú-æ in splen-dó-ri-bus sanc-

tó-rum : ex ú-te-ro an-te lu-cí-fe-rum gé-nu-i te. Ju-rá-

vit Dó-mi-nus et non pœ-ni-té-bit é-um : tú es sa-cér-dos

in æ-tér-num se-cun-dum ór-di-nem Mel-chi-se-dech. Gló-ri-a

Pá-tri, et Fí-li-o, et Spí-ri-tu-i sán-cto : si-cut é-rat in prin-cí-pi-o, ét nunc, et sém-per ; et in sé-cu-la se-cu-ló-

rum : á-men. In-vi-o-lá-ta, ín-te-gra et cás-ta es, Ma-rí-a.

Sál-va nos, Dó-mi-ne, vi-gi-lán-tes ; cu-stó-di nos dor-mi-én-tes ;

ut vi-gi-lé-mus cum Chrí-sto et re-qui-es-cá-mus in pa-ce.

E-le-e-mó-si-nam con-clú-di-mus. Cœ-li, cœ-lo-rúm-que vir-tú-tes,

Dó-mi-nus vo-bís-cum : et cum spi-ri-tu tú-o. Di-gná-re me

lau-dá-re te, Vír-go sa-crá-ta. Ex hóc nunc, et ús-que in sé-

cu-lum. Pá-tres nós-tri an-nun-ti-a-vé-runt. Et a-pos-tó-li-cam

ec-clé-si-am. Dé-us, in ad-ju-tó-ri-um mé-um in-tén-de ; Dó-mi-

né, ad ad-ju-ván-dum me fes-tí-na. Et vín-cas, cum ju-di-cá-ris.

Cón-tra me est sém-per. A-pud te est. Ha-bi-tá-ti-o est in te.

I-ni-qui-tá-tis in me est. Ma-ni-fes-tás-ti mi-hi. Be-ne-di-cé-tur.

Be-ne-di-cá-mus Dó-mi-no : Dé-o grá-ti-as.

CHAPITRE SECOND.

DE L'OBSERVATION DE LA QUANTITÉ DANS LE CHANT ECCLÉSIASTIQUE.

On distingue trois sortes de chants ecclésiastiques, le Plain-Chant, le Chant psalmodique et le Chant métrique.

ARTICLE PREMIER. — DU PLAIN-CHANT.

Le Plain-Chant est le chant grave des Antiennes, des Répons, des Introïts, Graduels, *Alleluia*, Traits, Offertoires, Communions, etc., et généralement de toutes les pièces de chant où presque toutes les notes sont des longues, et où la plupart des syllabes sont chargées de plusieurs notes.

Dans ce chant on peut se borner à n'admettre de notes brèves que sur des syllabes brèves, mais en même temps faibles par position, telles que les syllabes mi, ti, dans Dominatiónes ; pi, dans princípium ; o, dans inviolàta ; et re, dans requiescámus.

EXEMPLES.

Ex-úr-ge, Dó- mi- ne, àd- ju-va nos et li-be-ra

nos prop-ter no- men tu- um. *Ps.* De-us, àu-ri-bus nos-tris

au-di- vi-mus : pa-tres nos-tri an-nun-ti-a-vé-runt no- bis. Gló-

ri-a Pa-tri et Fi-li-o et Spi-rí- tu-i sàñc-to : Si-cut e-rat

in prin-cí-pi-o, et nunc, et sem-per, et in sé-cu-la se-cu-ló-

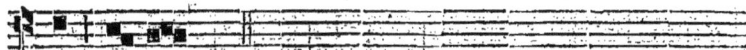

rum ; a- men.

Sal-va nos, Dó-mi-ne, vi-gi-lán-tes, cus-tó-di nos dor-mi-én-tes ;

ut vi-gi-lé-mus cum Chris-to, et re-qui-es-cá-mus in pa-ce.

Dans ces exemples on remarque que dans annuntiavérunt, et requiescámus, les syllabes ti, qui, sont notées longues ; parce que, quoique brèves, elles sont fortes par position.

ARTICLE SECOND. — DU CHANT PSALMODIQUE.

On appelle Chant Psalmodique, toute espèce de chant en forme de lecture ou de récit chanté; tel que le chant des Psaumes, des Leçons, des Epîtres et Evangiles, des Capitules, Petits Versets, et Oraisons, des Passions, Lamentations, Litanies, des Préfaces, du Pater, de Roráte, etc.

Dans ce chant, quelle qu'en soit la notation, on doit observer les règles de la quantité prosaïque, tracées ci-dessus, c'est-à-dire, que l'on doit passer légèrement sur les notes correspondantes aux syllabes faibles, et peser un peu plus fort sur les notes correspondantes aux syllabes fortes corrélatives. Lorsque plusieurs notes correspondent à une syllabe forte, on peut passer légèrement sur quelques-unes des notes intermédiaires.

La même règle est applicable au Plain-Chant, si on voulait lui donner toute la légèreté du chant psalmodique; sans négliger toutefois l'unité d'exécution, toujours de rigueur, quoique souvent difficile, dans le chant du chœur.

EXEMPLES.

Te De-um lau-dá- mus, te Dó-mi-num con-fi-té-mur. Te æ-tér-

num Pa-trem om-nis ter-ra ve-ne-rá-tur. Cre-do in u-num De-

2.

um, Pa-trem om-ni-po-tén-tem, fac-tó-rem cœ-li et ter-ræ, vi-

si-bi-li-um óm-ni-um et in-vi-si-bí-li-um. Et u-nam, sanc-tam,

ca-thó-li-cam, et a-pos-tó-li-cam Ec-clé-si-am. Se-de a dex-tris

mé-is. re-tri-bu-it mi-hi. Ge-ne-ra-ti- ó-nes. In-vo-ca-vé-ri-mus te.

di-mi-sit i- ná-nes. De pó-pu-lo bár-ba-ro. Lu-cí-fe-rum gé-

nu-í te. Con-gre-ga-ti- ó-ne Con-so-lá-tus es me.

Di-es il-la, di-es i- ræ, ca-la-mi-tá-tis et mi-sé- ri-æ, di-es

ma-gna et a- má-ra val-de. A-dó-rant Do-mi-na-ti- ó- nes,

tre-munt po-tes-tá- tes. O- ré-mus : Præ-cép-tis sa-lu-tá-ri-bus

mó- ni-ti, et di-ví-na ins-ti-tu-ti-ó- ne for-má-ti au-dé-mus

dí-ce-re : Pa-ter nos-ter, qui es in cœ-lis, sanc-ti-fi-cé-tur

no-men tú-um. Et ne nos in-dú-cas in ten-ta-ti-ó-nem. R̂.

Sed lí-be-ra nos a ma-lo. Sal-va nos, Dó-mi-ne, vi-gi-lán-tes;

cus-tó-di nos dor-mi-én-tes ; ut vi-gi-lé-mus cum Chris-to,

et re-qui-es-cá-mus in pa-ce. Ex-úr-ge, Dó-mi-ne,

ád-ju-va nos, et lí-be-ra nos prop-ter no-men tu-úm.

Di-xit Dó-mi-nus. Ex-áu-di-at te. Be-á-tus vir. Sal-vum me

fac, De-us. Con-fi-té-bor. Con-fi-té-bor. Cré-di-di. Cré-di-di.

E-ri-pe me. E-ri-pe me. Sal-vum me fac, De-us. In con-

ver-tén-do. Cré-di-di. Sal-vum me fac, De-us. E-ruc-tá-vit.

Con-fi-té-bor. Cré-di-di.

Les Psaumes se chantent ordinairement sans notes. Il fallait donc pour l'uniformité et la perfection de la Psalmodie régler le rapport du chant avec les syllabes. Voici les deux règles principales généralement admises, et les seules admissibles pour le chant des Psaumes, et les autres chants du même genre.

PREMIÈRE RÈGLE DE LA PSALMODIE.

Dans toutes les médiations et terminaisons des Psaumes, si la pénultième syllabe de la médiante ou du verset est une syllabe faible, elle est censée nulle, et l'inflexion de voix correspondante doit toujours se placer sur l'antépénultième. Dans les exemples a-déxtris méis ; pédum tuórum ; túis ín-te ; génui-te ; Dómine Dávid ; elle se placera sur les syllabes mé, ó, ín, i, Dá ; mais dans les exemples et-Fílio ; qui-pótens-est ; eórum-est ; locútus-sum ; ín-me est ; Jerúsalem ; sur les syllabes Fí, pó, ó, cú, ín, rú, et non sur les syllabes li, tens, rum, tus, me, sa.

SECONDE RÈGLE.

Dans les médiations du 1er ton en A, du 3e ton, du 6e ton en *F* et en C, et du 7e ton, et les terminaisons du 5e ton en *a*, et du 7e ton, où a lieu, avec expression forte, une élévation de voix correspondante à la première des quatre dernières syllabes de la médiante ou du verset, non compris la pénultième nulle prévue par la règle précédente; si cette première syllabe est faible, elle est aussi réputée nulle, et l'élévation correspondante doit toujours se faire sur la syllabe précédente. Dans les exemples Dóminus ex-Síon; órdinem Melchísedech; Réquiem ætérnam; generatiónes; propitiátio-est; génui-te; circumpléxi-sunt-me; própter-quod locútus-sum; elle se fera sur les syllabes nus, nem, em, ra, á, gé, plé, quod : mais dans les exemples Pátri et Fílio; Spirítui sáncto; laudábunt-te, Dómine; nón-est abscónditus; sur les syllabes Pá, rí, dá, nón; et non sur les syllabes tri, tu, bunt, est.

L'ignorance de la quantité prosaïque a donné lieu à diverses règles de psalmodie, toutes plus ou moins défectueuses.

On reconnaissait, par exemple, que l'élévation de voix qui a lieu, dans les médiations et les terminaisons du 7e ton, ne pouvait se faire sur la dernière syllabe de Pátri; et l'on concluait qu'elle ne devait pas non plus se faire sur la dernière syllabe de Dóminus. Mais on oubliait d'observer que dans Pátri la dernière syllabe est faible, tandis que dans Dóminus la dernière est forte; et que par conséquent comme il est irrégulier de rétrograder jusqu'à la 6e ou 7e syllabe de la médiante ou du verset pour faire la dite élévation, lorsqu'on peut la faire sur la 4e ou 5e syllabe; dans l'exemple Dóminus ex Sion, on doit hausser sur la syllabe nus et non sur la syllabe Dó: d'autant plus que cette élévation ne requiert pas une syllabe aiguë, mais simplement une syllabe forte, telle que la syllabe ga dans congregatióne. On défend avec raison de hausser sur la dernière syllabe de Pátri, puisque cette syllabe est faible : on doit défendre aussi de hausser sur les monosyllabes faibles par position; et dans les exemples ád-te orábo; ét-nunc, et semper, on haussera sur les monosyllabes ád, ét, et non sur les monosyllabes te, nunc.

D'autres au contraire permettent de placer les inflexions de voix prévues par les deux règles précédentes sur toute syllabe faible à l'exception de la pénultième syllabe brève des mots de plus de deux syllabes. Mais cette exception n'est nullement fondée. La syllabe lo, dans locútus-sum, n'est-elle pas aussi brève ou faible

que la syllabe **mi** dans Dóminus? Et lorsque vous élevez la voix
ou que vous pesez sur la syllabe **lo** ou **tus**, n'est-il pas comme
naturel et nécessaire de passer légèrement sur la syllabe **cú**,
toute aiguë qu'elle est, et de faire comme dans l'exemple suivant,
où l'alternative des syllabes fortes et des syllabes faibles est com-
plètement renversée d'une manière intolérable ?

Próp-ter quod lo-cú-tus sum.

Tandis qu'il est si correct de chanter comme il suit :

Próp-ter quod lo-cú-tus sum.

Un autre renversement aussi vicieux a lieu dans certaines églises
où l'on prétend que toute dernière syllabe d'un mot suivi d'un
monosyllabe, est brève. Il est vrai que la dernière syllabe d'un
mot, dont la pénultième est forte ou aiguë, est faible par position,
que ce mot soit suivi ou non, d'un monosyllabe : mais on n'en
peut dire autant des mots dont la pénultième est brève et l'antépénultième aiguë. Dans ces mots la dernière syllabe est forte par
position, et le monosyllabe suivant ne saurait nullement la modi-
fier. La règle exige donc rigoureusement que l'on chante comme
dans l'exemple suivant :

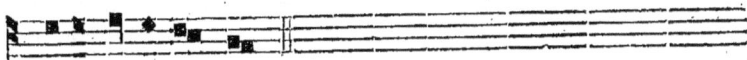

Di-li-gén-ti-bus te.

Et non comme il suit :

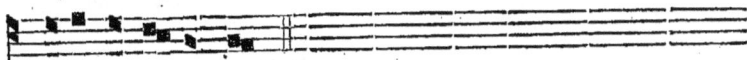

Di-li-gén-ti-bus te.

Quelques-uns, assimilant l'antépénultième syllabe faible de la
médiante ou du verset à la pénultième faible, évitent de placer sur
cette syllabe l'inflexion de voix correspondante. Ils ignorent que
les inflexions non prévues par les deux règles de la psalmodie
n'expriment pas par elles-mêmes un temps fort, et se placent sur
une syllabe faible aussi bien que sur une syllabe forte; comme
dans les exemples suivants :

8. G. Con-gre-ga-ti- ó- ne. Lu-ci-fe-rum gé-nu- i te. De pó-pu-lo bár-ba-ro. 5. C. Con-gre-ga- ti- ó-ne. Lu-ci-fe-rum gé-nu- i te. De pó-pu-lo bár-ba-ro. 4. A. Con-gre-ga-ti- ó-ne. In sé-cu-lum sé-cu-li.

L'usage de hausser dans quelques médiations sur la dernière syllabe des mots hébreux et sur les monosyllabes finals, produit une variante exceptionnelle purement arbitraire, superflue. Cet usage n'est fondé sur aucune raison de quantité syllabique. Rien n'empêche et il sera toujours plus simple et parfaitement régulier de faire pour ces sortes de mots comme l'on fait pour les autres mots latins. D'ailleurs cette inflexion n'a pas lieu à la terminaison : on doit la rejeter également à la médiation. (Grand Cours. Volume des décrets, au mot *Psaumes*.)

Intonations, Teneurs, Médiations et Terminaisons des Psaumes.

On ne fait l'intonation qu'au premier verset du psaume, quand on double l'Antienne : sinon, chaque verset commence *recto tono*.

Dans le tableau suivant, on marque par des chiffres le nombre des syllabes requis pour chaque médiation ou terminaison. Des lettres indiquent la dernière note de chaque terminaison ; a, *la* ; b, *si* ; c, *ut* ; d, *ré* ; e, *mi* ; f, *fa* ; g, *sol* ; les majuscules, les notes finales du ton. L'élévation de voix qui a lieu dans les médiations et terminaisons prévues par la seconde règle de la Psalmodie, est désignée par une croix (+).

Plus loin après de nombreux exemples notés, se trouve un recueil des psaumes les plus usités au chœur, rédigé de manière à faciliter l'observation de la quantité prosaïque et des règles de la Psalmodie. L'accent circonflexe (˄) indique la syllabe sur laquelle doit se faire l'élévation prévue par la seconde règle de la Psalmodie. Le même signe renversé (˅) désigne la syllabe par laquelle, avant ou après laquelle, selon le nombre de syllabes requis, commencent les médiations et terminaisons de plus de deux syllabes non prévues par la même règle.

Lorsque ces deux signes (ᴧᵛ) doivent se rencontrer sur la même syllabe, on n'emploie que le premier (ᴧ) lequel sert indistinctement pour toutes les médiations et terminaisons de plus de deux syllabes.

Si un psaume devait toujours se chanter sur un même ton, on pourrait ne placer que le signe propre sur la syllabe convenable.

Quant aux médiations de deux syllabes, elles n'offrent aucune difficulté : il suffit d'observer la première règle de la Psalmodie. On pourrait indiquer par ce signe (ᴧ) la première syllabe de ces médiations, comme dans les exemples suivants : et-Fîlio, sânctó, mêus, Dâvid, Jerûsalem, locûtus-sum, arguâs-me, propitiatiô-est, în-spe, în-me-est, Iˆsrael, salvum-mê-faç, est-în-te.

L'accent circonflexe (ᴧ) indique toujours une syllabe forte.

PREMIER TON.

Intonation.	Teneur.	Médiation.	Autre Médiation.	Teneur.	Terminaison.

D. (*)   1. 2.   1. 2.   3.   4.

Dé- us,   Dé- us   mé- us. *   mé- us. *   Se- cu-   lo- rum :   á- men.

J.   1. 2. 3. 4.   D.   1. 2. 3.   4.   a.   1. 2. 3. 4.

e u ŏ u a e.   e u ŏ u a e.   e u ŏ u a e.

g.   1. 2. 3. 4.   g.   1. 2. 3. 4.   f.   1. 2. 3. 4.

e u ŏ u a e.   e u ŏ u a e.   e u ŏ u a e.

f.   1. 2. 3. 4.

e u ŏ u a e.

A.   1. 2.   3.   4.   Autre A. 1. 2.   3.   4. Autre A.   1.   2. 3.   4. 5.

De-us, Dé-us me-us. *   De-us, Dé-us me-us. *   De-us, Dé-us me-us. *

(*) On appelle Intonations *liées* ou *avec liaison*, celles où deux notes correspondent à la seconde syllabe du verset.

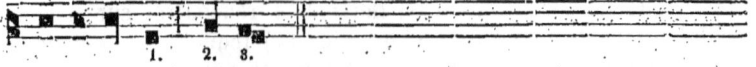

se-cu-lŏ-rum : a-men.

SECOND TON.

D.   1. 2.   1. 2. 3.

De-us, De-us mê-us. * Se-cu-lŏ-rum : a-men.

A. 1. 2. 3. 4.   1. 2. 3. 4.

De-us, Dĕ-us me-us. * Se-cu-lŏ-rum : a-men.

c.   1. 2. 3. 4. 1. 2. 3. 4.

De-us, Dĕ-us me-us. * Se-cu-lŏ-rum : a-men.

TROISIÈME TON.

E. 1. 2. 3. 4.   1. 2. 3. 4. à 1. 2. 3.

De-us, Dĕ-us me-us. * Se-cu-lŏ-rum : a-men. e u ŏ u a e.

c. 1. 2. 3. b. 1. 2. 3. a. 1. 2. 3. 4. g. 1. 2. 3. 4.

e u ŏ u a e. e u ŏ u a e. e u ŏ u a e. e u ŏ u a e.

QUATRIÈME TON.

E. 1. 2. 3. 4. 1. 2. 3. 4. 5. Autre. 1. 2. 3. 4. 5.

De-us, Dĕ-us me-us. * Se-cu-lŏ-rum : a-men. e u ŏ u a e.

E. 1. 2. 3. D. (*) 1. 2. 3. 4. 5. f. 1. 2. 3. 4. 5.

e u ŏ u a e. e u ŏ u a e. e u ŏ u a e.

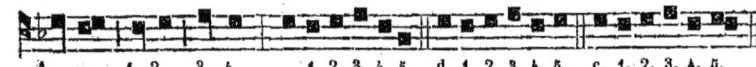

A. 1. 2. 3. 4. 1. 2. 3. 4. 5. d. 1. 2. 3. 4. 5. c. 1. 2. 3. 4. 5.

De-us, Dĕ-us me-us. * e u ŏ u a e. e u ŏ u a e. e u ŏ u a e.

(*) Il est d'usage d'indiquer cette terminaison par un D majuscule.

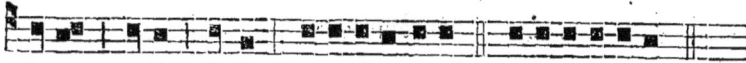

a.   1. 2. 3.   1. 2. 3.   g.   1.
De-us, Dĕ-us me-us. * e u ŏ u a e.   e u o u a e.

CINQUIÈME TON.

C.   1. 2.   1. 2.   3. 4.
De-us, De-us mĕ-us. * Se-cu-lŏ-rum : a-men.

a.   1. 2.   1. 2.   3. 4.
De-us, De-us mĕ-us. * Se-cu-lŏ-rum : a-men.

SIXIÈME TON.

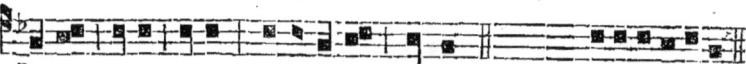

F.   1. 2.   3. 4. F. aux simples.   1. 2. 3.
De-us, De-us me-us.* Se-cu-lŏ-rum : a-men.   e u ŏ u a e.

F.   1. 2. 3. 4. Antre F.   1. 2. 3. 4.   1. 2.   3. 4.
De-us, Dĕ-us me-us. *   De-us, Dĕ-us me-us.* Se-cu-lŏ-rum : a-men.

C.   1. 2.   3. 4.   1.   2. 3.
De-us, Dĕ-us me-us. * Se-cu-lŏ-rum : a-men.

SEPTIÈME TON.

G.   1. 2.   3. 4.   1. 2.   3. 4.   d.   1. 2. 3. 4.
De-us, Dĕ-us me-us. * Se-cu-lŏ-rum : a-men. e u ŏ u a e.

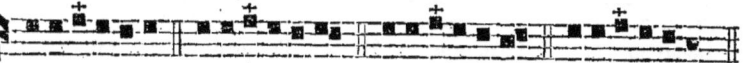

d. 1. 2. 3. 4. c. 1. 2. 3. 4. ç. 1. 2. 3. 4. b. 1. 2. 3. 4.
e u ŏ u a e. e u ŏ u a e. e u ŏ u a e. e u ŏ u a e.

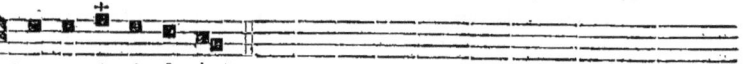

a.   1. 2. 3. 4.
e u ŏ u a e.

3

HUITIÈME TON.

De-us, De-us mê-us. * Se-cu-lŏ-rum : a-men. e u ŏ u a e.

e u ŏ u a e. e u ŏ u a e.

Exemples de Médiations et de Terminaisons.

In é-xi-tu Is-ra-el dĕ Æ-gýp-to. * In é- xi-tu Is-ra-el dê Æ-gýp-to. *

In é- xi-tu Is-ra-el dê Æ-gýp-to : * do-mus... de pó-pŭ-lo bár-ba-ro.

Gló-ri-a Pâ-tri et Fi-li-o. * Si-cut e-rat in prin-cí-pi-o, êt nunc, et sem-pèr. *

Dó-mi-no mê-o. * Et Fi-li-o. * Lo-cû-tus sum. * Dó-mi-ne Dâ-vid. * Dó-mu-i

I's-ra-el. * Ar-gu-ás me. * Sin-gu-là-ri-ter în spe. * I-ni-qui-tâ-tis în me est. *

Dó-mi-no me-o. * Dó-mi-nŭs ex Si-on. * Pro-pi-ti-ă-ti-o est. *

(*) Les zéros marquent les syllabes nulles ou superflues sur lesquelles on ne peut faire les inflexions de voix prévues par les deux règles de la Psalmodie. Ces syllabes se chantent sur le même degré que la syllabe suivante, pourvu que cette syllabe n'ait qu'une note et que cette note ne descende que d'un degré; sinon, sur le même degré que la note précédente. Cette règle n'est pas sans exception.

3. t.   1. 2. 3. 4.   1. 2. 3. 4.   1. 2. 3. 4.

Dó-mi-nŭs ex Si-on. * In splen-dó-ri-bŭs sanc-tó-rum. * Aʼr-gŭ-as me. *

1. 2. 3. 4.   1. 0. 2. 3. 0. 4.   1. 0. 2. 3. 4.

Con-fir-má-tum êst cor e-jus. * Lau-dâ-bunt te, Dó-mi-ne. * Dó-mi-no me-o. *

1. 0. 2. 3. 0. 4.   1. 2. 3. 0. 4. 1. 0. 2. 3. 4.

Má-gna qui po-tens est. * In má-ni-bŭs por-tá-bunt te. * êt nunc, et sem-per. *

4. E. 1. 2. 3. 4.   1. 2. 3. 4.   1. 2. 3. 0. 4.

Dó-mi-no me-o. * Dó-mi-nŭs ex Si-on. * Prop-ter quŏd lo-cú-tus sum. *

1. 2. 3. 4.   1. 2. 3. 0. 4.   1.   2.   3. 4.

Tu-o ăr-gu-as me. * Dó-mŭ-i Iʼs-ra-el. * êt nŭnc, et sem-per. *

6. F. 1. 2. 3. 4.   1. 0.   2. 3. 4.   1. 2. 3.   4.

Na-pô-le-ó-nem. * Sâl-vum fac re-gem. * In-vo-ca-vĕ-ri-mus te.

6. C.   1. 2. 3. 4.   1. 2. 3. 4.   1. 2. 3. 0. 4.

Pro-pi-ti-â-ti-o est. * Ré-qui-êm æ-tér-nam. * Et lûx per-pé-tu-a. *

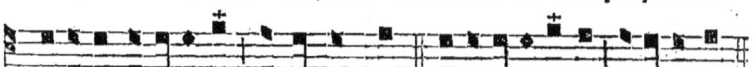

7. t.   1. 2. 3. 0. 4.   1. 0. 2. 3. 0. 4.

In i- ni-qui-tá-ti-bŭs con-cép-tus sum. * In-vo-cá-ve-rô te, ex-áu-di me. *

1. 0. 2. 3. 4. 1. 0. 2. 3. 4.   1. 2. 3. 4.

Quó-ni-am âd te o-rá-bo. * êt nunc, et sem-per. * Et nôn lo-quén-tur. *

1. 0. 2. 3. 4.   1.   2. 3. 0. 4.   1. 2. 3. 4.

êt hi in e-quìs. * Or-di-nêm Mel-chi-se-dech. Me-rî-di-á-nò.

1. 0. 2. 3. 4.   8. G.   1. 2.   1. 2. 3. 4.
Di-mi-sit i- ná-nes.   Me-um ês tu. * Et e-nŭ-tri-es me.

1. 2. 3. 4.   1. 2. 3. p. 4.   1. 2. 3. 4.
Tu-a li-be-ra me. Ut sal-vŭm me fá-ci-as. Ut ĕ-ru-as me.

1. D.   1. 2. 3. 4.   1. 2. 3. 4.   1. 2. 3. 4.
Et Spi-rí-tŭ-i sanc-to. Ti-mĕn-ti-bus se. Ge-ne-ră-ti-ó- nes.

3. a. 1. 2. 3. 4.   1. 2. 3. 4.   1. 2. 3. 4.
Ge-ne-ră-ti- ó-nes. Di-li-gĕn-ti-bus te. Lu-ci-fe-rum gĕ-nu-i te.

5. a.   1. 2. 3. 4. 8. C. 1. 2. 3. 4.   1. 2. 3. 4.
Fru-mén-ti să-ti-at te. Să-ti-at te. Di-mi-sit i- ná-nes.

7. ç.   1. 2. 3. 0. 4.   1. 2. 3. 4.
I- ni-qui-tâ-tis in me est. * Ha-bi-tâ-ti-ô est in te.

A défaut de syllabes suffisantes pour l'Intonation, la Médiation ou la Terminaison, on ne fera entendre que les dernières notes correspondantes aux syllabes propres.

1. A. 2. 3. 0. 4. 2. D. 1. 0. 2. 3. E. 2. 3. 0. 4. 4. E. 2. 3. 0. 4.
Ma-gni-fi-cat. * Ma-gni-fi-cat. * Ma-gni-fi-cat. * Ma-gni-fi-cat. *

2. 3. 4. 5. 5. t. 1. 0. 2. 6. F. 2. 3. 0. 4. Autre F. 2. 3. 0. 4.
Quĕm ti-mé-bo. Ma-gni-fi-cat. * Ma-gni-fi-cat. * Ma-gni-fi-cat. *

6. C. 2. 3. 0. 4. 7. t. 2. 3. 0. 4. 1. f. 2. 3. 0. 4. 4 t. 2. 3. 0. 4.
Ma-gni-fi-cat. * Ma-gni-fi-cat. * Et ti-mu-i. Qui fa-cit hæc. *

Chant des Oraisons aux Messes et Offices solennels.

A la 1. période. 1. 2. 3. 4.

O-ré-mus. De-us qui ho-di-ér-nam... mar-ty̆-ri-o cŏn-se-crás-ti :

A la seconde. 1. Fin du corps de l'oraison.

... se- qui præ-cép-tŭm ; pér quos Re-li-gi-ó-nis sump-sit e-xór-di-um.

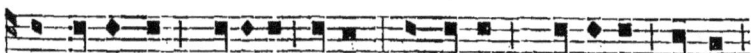

Grande conclusion. 1. 1. 2.

Per Dó-mi-num... Fí-li-um tu-ŭm, qui te-cum... Spí-ri-tus săn̆c-ti,

3. 4.

De-us : per óm-ni-a... se-cu-ló-rum : R/. A-men.

Aux Messes et Offices simples et des morts, les Oraisons se chantent *recto tono*.

Chant des Oraisons après les Antiennes à la Sainte Vierge, pour les Saluts, les Bénédictions, etc.

1.

O-ré-mus. Con-cé-de, mi-sé-ri-cors... re-sur-gá-mŭs : Per Chris-tum...

Chant du commencement des offices.

1.

nos-trŭm. y̆. De-us, in ad-ju-tó-ri-um me-um in-tén-de. R/. Dó-mi-ne...

1. 2. 3. ou 1. 2. 3. 1.

Al-le-lú-ia. Al-le-lú- ia. Laus ti-bi, Dó-mi-ne, Rex æ-tér-næ̆

2. 0. 3.

gló-ri-æ.

3.

CHANT DES LEÇONS.

Absolutions.

1. 2.   3. 4.   1.

Ex-áu-di , Dó-mi-ne..... et mi-se-ré-re no-bis ;... se-cu-ló-rŭm.

Bénédictions.

0. 1.   1. 2. 3. 0. 4.   1.

Ju-be , Dom-ne , be-ne-di-cĕ-rĕ. Be-ne-dic-ti-ó-nĕ per-pé-tu-a... æ-tér-nŭs.

Leçons.

Au point (.)   1.   1.

De Ac-ti-bus A-pos-to-ló-rŭm. Pe-trus au-tem... rés-pi-ce in nŏs.

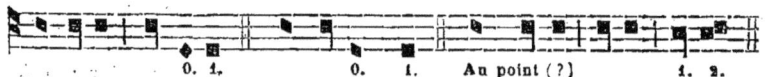

0. 1.   0. 1.   Au point (?)   1. 2.

iu di-e Má-di-án. Trans-lá-tŭs ĕst. Quid er-go e-rit no-bis ?

A la fin. 1. 2.   3. 0. 4.   1.   0. 1.

Tu áu-tem, Dó-mi-ne, mi-se-ré-re no-bis. R̃/. De-o grá-ti-ăs.

Aux Vigiles et aux Ténèbres, les Leçons se terminent *recto tono*.

En certains lieux :

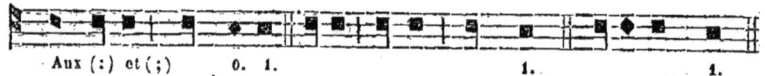

Aux (:) et (;)   0. 1.   1.   1.

Et ter-ra Néph-thă-lĭ ; vi-dit lu-cem ma-gnăm ; cé-ci-dit flŏs :

A la fin, aux Vigiles et Ténèbres. 1. 0. 2.   3. 4.   1. 2. 3. 4.

cus-to-dí-vit spí-ri-tum me-um. e-xêr-ce-á-tur.

CHANT DES ÉPITRES ET DES ÉVANGILES.

Les Épitres et les Évangiles se chantent *recto tono*, excepté ce qui suit :

1. 2. 3.   1.   2.   3.   Au point (?)

Se-cún-dum Măt-thǽ-um.   se-cún-dǔm Mar-cum.   Quid er-go

1. 2.   A la fin.

e-rit no-bis?   In Chris-to Jĕ- su Dó-mi-no nos-tro.

En certains lieux :

Au point (.) dans les Épitres.   1.   2. 3.   4.   1. 2. 3. 4.

Léc-ti- o e-pis-to-læ... âd Ro-má-nos.   A-pós-to-lî ad Ti-tum.

1. 2. 3. 4.   1. 2. 3. 4.   1. 0. 2.   3. 0.   4.

ad co-los-sén-ses. et môr-tu-us est.   vîr-gi-nes e-nim sunt.

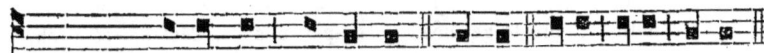

Au point (.) dans les Évangiles.   1.   2.   1.   2.   1. 2.

...Se-cún-dum Mat-thĕ-um. Măr-cum. Di-xit e- i Jĕ-sus.

1. 2.   1. 0. 2.   1.   2.   1. 0. 2.   Dans les Épitres

Dă-vid. in præ-sĕ-pi-o. de pú-e-rŏ hoc. Ge-nĕ-sa-reth. Léc-ti-o

et les Évangiles, aux (:) ou (;)   1. 2. 0. 3. 4. 0. 5.   1. 2. 3.

e-pis-to-læ   be-á-ti Pâu-li A-pós-to-li ; nos de sôm-no

4. 0. 5.   1. 2. 3. 4. 0. 5.   1. 2. 3.   4.   0.

súr-ge-re. Se-quén-ti- a sanc-ti ê-van-gé-li- i ; In îl-lo tém-po-

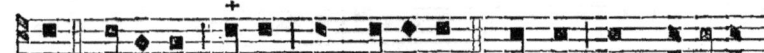

5.   0. 1.   2. 0.   3.   4. 0. 5.   Au point (?)

re : só-ni-tus mâ-ris et flúc-tu-um : ¿ Tú es qui ven-tú-rus

A la fin.

es, an á-li-um ex-pec-tá-mus? Vi-tam ǽ-tĕr-nam pos-si-dé-bit.

CHANT DES CAPITULES.

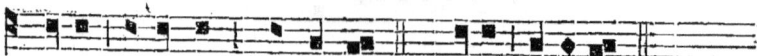

1. 2.   1. 0. 2.

Mi-sit He-ró-des ... et Pĕ-trum. R̕. De-o grä-ti-as.

CHANT DES PRIÈRES ET PETITS VERSETS.

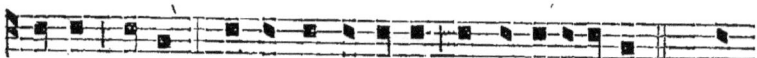

1.   1.

Pa-ter nos-tĕr ... et ne nos in-dú-cas in ten-ta-ti-ó-nĕm. R̕. Sed

1.   1.   1.

li-be-ra nos a ma-lŏ. Vi-tam æ-tér-nam : a-mĕn. ... al-le-lú-iă.

0. 1.   1.   0. 1.   0. 1.

... ó-cŭ-lĭ. ... pró-te-ge nŏs. ... su-pĕr nŏs. ... Mel-chi-sĕ-dĕch.

0. 1.   1.

... a-pé-rĭ-ĕs. R̕. In nó-mi-ne Chris-ti ; a-men.

PETITS VERSETS DE L'OFFICE DES MORTS ET DES TÉNÈBRES.

1. 2. 3.

℣. Au-di-vi vo-cem de cœ-lo di-cén-tĕm mi-hi. R̕. Be-á-ti

1. 2. 3.   1. 2. 0. 3.

mór-tu-i qui in Dó-mi-no mo-rĭ-ún-tur. ℣. A por-tă ín-fe-ri.

1. 2. 3.   1. 2. 3.   1. 2. 0. 3.

R̕. ...á-ni-mas ĕ-ó-rum. R̕. ...pó-pu-lĭ su-i. ℣. ...cum prĭn-cí-pi-bus.

CHANT DES LITANIES DES SAINTS.

1. 2.   1. 2. 3. 4.   1. 2.

Pa-ter de cœ-lis Dê-us ; mi-se-rĕ-re no-bis. Sanc-ta Ma-rî-a ;

1. 2. 3. 4.   1. 0. 2.   1. 2.

o-rǎ pro no-bis. Sanc-te Mî-cha-el. Sanc-te Jó-seph. Om-nes

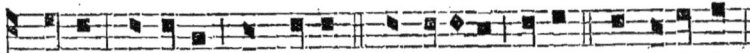

1. 2.   1. 2. 3. 4.   1. 2. 3.   1. 2. 3.

Sânc-ti ; o-rǎ-tĕ pro no-bis. Pro-pí-ti-ŭs es-to. Pec-cǎ-tó-res.

CHANT DES LITANIES DE LA S^{TE} VIERGE.

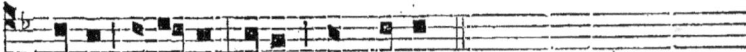

1. 2. 3. 4.   1. 2. 3. 4.

Sanc-tǎ Ma-rí-a, o-rǎ pro no-bis.

CHANT DU *MISERERE*.

La Terminaison suivante, qui est de six syllabes, commencera deux syllabes avant celle marquée de ce signe (ᵛ).

1. 2. 3. 4.   1. 2. 3. 4.

Mi-se-ré-re mĕ-i, De-us, * se-cún-dum ma-gnam mi-se-ri-cór-dĭ-am

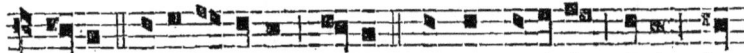

5. 6.   1. 2. 3. 4.   5. 6.   1. 2.   3. 4. 5.

tu-am. i-ni-qui-tǎ-tem me-am. et a pec-cǎ-to mĕ-o mun-

0. 6.   1. 2. 3.   4. 5. 6.

da me. me-um con-tra mĕ est sem-per.

RECUEIL

DES

PSAUMES ET CANTIQUES

LES PLUS USITÉS AU CHŒUR

Rédigés de manière à faciliter l'observation de la Quantité prosaïque
et des Règles de la Psalmodie.

PSAUMES DU DIMANCHE
A VÊPRES.
PSAUME 109.

Dixit Dóminus Dômĭno meo : * sede a-dèxtris meis.

Donec ponam inimîcos tuos : * scabéllum pêdŭm tuórum.

Virgam virtútis tuæ emíttet Dóminŭs ex-Sion : * dominâre in-médio inimicôrŭm tuórum.

Tecum princîpium in-die virtútis tuæ, in-splendóribŭs sanctórum, * ex-ûtero ante lucíferum gênui-te.

Jurávit Dóminus et-non-pœnitêbit eum : * Tú-es Sacérdos in-ætérnum secúndum órdinêm Melchísedech.

Dóminus a-dèxtris tuis, * confrégit in-die iræ sûæ reges.

Judicábit in-natiónibus, implêbit ruinas; * conquassábit cápita in-tèrrâ multórum.

De-torrénte in-vîa bibet : * proptérea exaltábit caput.

Glória Pâtrĭ, et-Filio, * et-Spirĭtŭi sancto.

Sicut erat in-princípio, êt-nŭnc, et-semper, * et-in-sécula seculórum ; amen.

PSAUME 110.

Confitébor tibi, Dómine, in-toto côrde meo; * in-concilio justórum, et-congregàtióne.

Magna ôpéra Dómini, * exquisĭta in-omnes voluntâtes ejus.

Conféssio et-magnificéntia ôpus ejus; * et-justitia ejus manet in-sêcŭlum séculi.

Memóriam fecit mirabílium suórum miséricors et-miserâtor Dóminus : * escam dedit timêntibus-se.

Memor erit in-séculum testamênti sui : * virtútem óperum suórum annuntiâbit pôpŭlo suo ;

Ut-det illis hæreditâtem géntium, * ópera mánuum ejus véritas êt-judícium.

Fidélia ómnia mandâta ejus, confirmáta in-sêcŭlum séculi, * facta in-veritâte et-æquitâte.

Redemptiónem misit pôpŭlo suo, * mandávit in-ætérnum testamêntŭm suum.

Sanctum et-terríbile nômen ejus : * inítium sapiéntiæ tîmor Dómini.

Intelléctus bonus ómnibus faciêntĭbus eum : * laudátio ejus manet in-sêcŭlum séculi.

PSAUME 111.

Beatus-vir qui-tîmet Dóminum,* in-mandâtis ejus vôlet nimis.

Potens in-terra erit sêmen ejus : * generátio rectórum benêdicétur.

Glória et-divítiæ in-dômo ejus ; *

et-justitia ejus manet in-sêcùlum séculi.

Exórtum-est in-ténebris lûmen rectis;* miséricors, et-miserâtòr, et-justus.

Jucúndus homo, qui-miserétur et-cómmodat : dispónet sermónes suos în-judicio ; * quia in-ætérnum non-cômmovébitur.

In-memória ælérua êrit justus : * ab-auditióne mala nôntimébit.

Parátum cor-ejus speráre in-Dómino, confirmàtum-êst cor-ejus : * non-commovébitur donec despíciat inimîcos suos.

Dispérsit, dedit paupéribus : justitia ejus manet in-sêcùlum séculi, * cornu ejus exaltàbitûr in-glória.

Peccátor vidébit et-irascétur, déntibus suis fremet êt-tabéscet;* desidérium peccatôrùm períbit.

Psaume 112.

Laudate, pûêri, Dóminum , * laudàte nômen Dómini.

Sit-nomen Dómini bênedíctum, * ex-hóc-nunc et-ûsquê inséculum.

A-solis ortu usque âd-occásum, * laudábile nômen Dómini.

Excélsus super omnes gêntes Dóminus, * et-super cœlos glôria ejus.

Quis-sicut Dóminus Deus noster, qui-in-àltis hábitat, * et-humília réspicit in-cœlo êt-in-terra!

Súscitans a-tèrra ínopem, * et-de-stércore êrígens páuperem;

Ut-cóllocet eum cûm-principibus, * cum-principibus pópùli sui ;

Qui-habitáre facit stérilêm in-domo, * matrem filiôrùm lætântem.

Psaume 113.

In-éxitu Israel dê-Ægýpto, * domus Jacob de-pôpùlo bárbaro.

Facta-est Judæa sanctificâtǐo ejus, * Israel potêstas ejus.

Mare vîdìt et-fugit : * Jordánis convérsus-êst retrórsum.

Montes exultavérunt ùt-aríetes, * et-colles sicut âgni óvium.

Qùid-est tibi , mare , quôd-fugisti? * êt-tu, Jordáuis, quia convérsus-ês retrórsum ?

Montes exultástis sícùt aríetes, * et-colles sicut âgni óvium?

A-fácie Dómini môtâ-est terra, * a-fácie Dèi Jacob.

Qui-convértit petram in-stâgnà aquárum, * et-rupem in-fôntês aquárum.

Non-nobis, Dóminê, non-nobis, * sed-nómini tûô da-glóriam ;

Super misericórdia tua et-veritâte tua ; * nequándo dicant gentes : Ubi-est Dêùs eórum ?

Deus autem nôstèr in-cœlo : * ómnia quæcúmque vôlùit, fecit.

Simulácra géntium argêntùm et-aurum, * ópera mânùum hóminum.

Os-habent, et-nôn-loquéntur ; * óculos habent et-nôn-vidébunt.

Aures habent, êt-non-áudient, * nares habent, et-noñ-ôdorábunt :

Manus habent, et-non-palpábunt; pedes habent, et-non-âmbulábunt ; * non-clamábunt in-gûttùre suo.

Símiles illis fiant qui-fâcìunt ea, * et-omnes qui-confídùnt in-eis.

Domus Israel speràvìt in-Dómino, * adjútor eórum et-protêctòr eórum-est.

Domus Aaron speràvìt in-Dómino : * adjútor eórum et-protêctòr eórum-est.

Qui-timent Dóminum, speravêrùnt in-Dómino : * adjútor eórum et-protêctòr eórum-est.

Dóminus memor fûit nostri; * et-benedîxit nobis.

Benedíxit dômŭi Israel; * benedixit dômŭi Aaron.

Benedíxit ómnibus qui-tîment Dóminum, * pusíllis cŭm-majóribus.

Adjíciat Dómĭnus super-vos, * super-vos et-super fílĭos vestros.

Benedícti-vôs a-Dómino, * qui-fecit cœlŭm et-terram.

Cœlum cœli Dómino, * terram autem dedit fílĭis hóminum.

Non-mórtui laudâbŭnt-te, Dómine: * neque omnes qui-descéndunt in-inférnum.

Séd-nos qui-vívimus, benedícĭmus Dómino; * ex-hóc-nunc et-ûsquĕ in-séculum.

CANTIQUE DE LA SAINTE VIERGE.

MAGNIFICAT * ánima mêa Dóminum.

Et-exultávit spîrĭtus meus, * in-Deo salutâri meo.

Quia respéxit humilitátem ancíllæ suæ; * ecce enim éx-hoc beátam-me dicent omnes generatiónes.

Quia fecit mihi mâgnà, qui-potens-est; * et-sanctum nômen ejus.

Et-misericórdia ejus a-progénie in-progénies, * timêntĭbus eum.

Fecit poténtiam in-brâchĭo suo: * dispérsit supérbos mente côrdis sui.

Depósuit potêntĕs de-sede; * et-exaltávit húmiles.

Esuriéntes implêvit bonis; * et-divites dimîsit ináneς.

Suscépit Israel pŭêrum suum, * recordàtus misericórdiæ suæ.

Sicut locútus-est ad-pâtres nostros, * Abraham et-sémini êjŭs in-sécula.

PSAUMES DE COMPLIES.

PSAUME 4.

CUM-invocárem, exaudivit-me Deus justítiæ meæ: * in-tribulatióne dilatâsti mihi.

Miserêre mei, * et-exáudi oratiônem meam.

Fílii hóminum, úsquequo grâvi corde? * út-quid diligítis vanitátem, et-quærítis mendácium?

Et-scitóte quóniam mirifĭcávit Dóminus sânctum suum: * Dóminus exáudiet-me, cum-clamáverô ad-eum.

Irascímini, et-nolîtĕ peccáre: * quæ-dícilis in-córdibus vestris, incubílibus vestris cômpungímini.

Sacrificáte sacrificium justítiæ, et-sperâtĕ in-Dómino: * multi dicunt: Quis-osténdit nôbis bona?

Signátum-est super-nos lumen vultus tûi, Dómine: * dedísti lætítiam in-côrde meo.

A-fructu fruménti, vini, et-ôléi sui * multíplicáti-sunt.

In-pace în-idípsum * dórmiam et-rêquiéscam.

Quóniam-tu, Dómine, singulâriter ín-spe * constîtuísti-me.

PSAUME 30.

IN-te, Dómine, sperávi; non-confúndar în-ætérnum: * in-justítia tua líbera-me.

Inclína ád-me âurem tuam; * accélera ut-êruas-me.

Esto mibi in-Deum protectórem, et-in-dômŭm refúgii, * ut-sâlvŭm-me fácias.

Quóniam fortitúdo mea, et-refúgium mêum és-tu: * et-propter nomen tuum dedúces-me, et-enŭtries-me.

Edúces-me de-láqueo-hoc, quem-abscondêrunt mihi * quóniam tú-es protéctor meus.

In-manus tuas comméndo spîritum meum: * redemísti-me, Dómine Deus vêritátis.

PSAUME 90.

QUI-hábitat in-adjutóriô Altíssimi, * in-protectióne Dei cœli cômmorábitur.

Dicet Dómino: Suscéptor meus

es-tu; et-refúgium meum : * Deus meus, sperábo in-eum.

Quóniam ipse liberávit-me de-láqueô venántium, * et-a-vêrbo áspero.

Scápulis suis obumbrâbit tibi ;* et-sub-pennis êjûs sperábis.

Scuto circúmdabit-te vêrîtas ejus : * non-timébis a-timôrê noctúrno ;

A-sagítta volánte in-die, a-negótio perambulântê in-ténebris ;* ab-incúrsu, et-dæmónio merîdiáno.

Cadent a-látere tuo mille, et-decem míllia a-dêxtris tuis ; * ád-te autem non-apprôpinquábit.

Verúmtamen óculis tuis considerábis ; * et-retributiónem peccatôrûm vidébis.

Quóniam tú-es, Dóminê, spes-mea : * altíssimum posuísti refúgium tuum ;

Non-accédet ád-te malum ; * et-flagéllum non-appropinquábit tabernâcùlo tuo :

Quóniam Angelis suis mandâvit dé-te ; * ut-custódiant-te in-ómnibus vîis tuis :

In-mánibûs portábunt-te ; * ne-forte offéndas ad-lápidem pèdem tuum.

Super áspidem et-basilíscum âmbulábis ; * et-conculcábis leónem êt-dracónem.

Quóniàm ín-me sperávit, liberábo eùm : * prótegam eum, quóniam cognóvit nômen meum.

Clamàbit ád-me, et-ego exáudïam eum : * cum-ipso-sum in-tribulatióne ; eripiam eum, et-glorificâbo eum.

Longitúdine diérum replêbo eum : * et-osténdam illi salutáre meum.

PSAUME 133.

Ecce-nunc benedîcîte Dóminum,* omnes sèrvi Dómini.

Qui-statis in-dómo Dómini, * in-átriis domus Dêi nostri.

In-nóctibus extóllite manus vêstrás in-sancta ; * et-benédîcîte Dóminûm.

Benedícat-te Dóminûs ex-Sïon,* qui-fecit cœlûm et-terram.

CANTIQUE DE SAINT SIMÉON.

Nunc-dimíttis servum tûum, Dómine, * secúndum verbum tûum in-pace.

Quia vidérunt ôcûli meî * salutâre tuum.

Quôd-parásti * ante fâcïem ômnium pôpulórum.

Lumen ad-revelatiónem géntium, * et-glóriam plebis tûæ Israel.

PSAUMES DES FÊTES.

AUX I. ET II. VÊPRES,

S'il n'est autrement ordonné.

Psaumes du Dimanche, page 38, au lieu du 5e.

PSAUME 116.

Laudáte Dóminum, ômnes gén-tes ; * laudáte eum, ômnes pópuli :

Quóniam confirmáta-est super-nos misericôrdïa ejus ;* et-vérïtas Dómini manet în-ætérnum.

FÊTE DU TRÈS-SAINT SACREMENT.

AUX I. ET II. VÊPRES.

Ps. Dixit Dóminus..., *page* 38.

Ps. Confitébor tibi..., *page* 38.

PSAUME 115.

Crédidi, propter-quôd locútûs-sum ; * ego autem humiliâtûs-sum nimis.

Ego dixi in-excéssu meo : * Omnis hômo mendax.

Quid-retríbûam Dómino * pro-ómnibus quæ-retríbûit mihi ?

Cálicem salutâris accípiam, * et-nomen Dómini învocábo.

Vota mea Dómino reddam co-

4

ram omni pôpŭlo ejus : * pretiósa in-conspéctu Dómini mors-sanctôrum ejus.

O-Dómine, quia ego sêrvus tuus, * ego servus tuus, et-fílius ancîllæ tuæ.

Dirupísți vîncŭla mea : * tibi sacrificábo hóstiam laudis, et-nomen Dómini învocábo.

Vota mea Dómino reddam in-conspéctu omnis pôpŭli ejus,* in-átriis domus Dómini, in-médio tûĭ, Jerúsalem.

PSAUME 127.

Beáti omnes qui-tîment Dóminum, * qui-ámbulant in-vîis ejus.

Labóres mánuum tuárum quia mánducábis : * beátus-es, et-bene tîbi erit.

Uxor tua sicut vîtĭs abúndans * in-latéribus dômus tuæ.

Fílii tui sicut novéllæ ôlivárum,* in-circúitu mênsæ tuæ.

Ecce-sic benedicêtur homo , * qui-tîmet Dóminum.

Benedicat tibi Dóminŭs ex-Sion, * et-vídeas bona Jerúsalem ómnibus diébus vîtæ tuæ.

Et-vídeas fílios filiôrŭm tuórum, * pacem sûper Israel.

PSAUME 147.

Lauda, Jerûsàlem, Dóminum; * lauda Deum tûum, Sion.

Quóniam confortávit seras portârŭm tuárum : * benedíxit fíliis tûis ín-te.

Qui-pósuit fines tûos pacem : * et-ádipe fruménti sàtiat-te.

Qui-emíttit clóquium sûum terræ : * velóciter currit sêrmo ejus.

Quí-dat nivem sicut lanam : * nébulam sicut cîněrem spargit.

Mittit crystállum suam sîcŭt buccéllas : * ante fáciem frigoris ejus quis-sûstinébit?

Emíttet verbum suum, et-li-

quefâcĭet ea : * flabit spíritus ejus, et-flûent aquæ.

Qui-annúntiat verbum sûum Jacob; * justítias et-judícia sûa Israel.

Non-fecit táliter omni nâtióni : * et-judícia sua non-manifestávit eis.

FÊTES DE LA SAINTE VIERGE.

AUX I. ET II. VÊPRES.

Ps. Dixit Dóminus..., p. 38.
Ps. Laudáte, púeri, p. 39.

PSAUME 121.

Lætátus-sum ín-his, quæ-dîctá-suṇt mihi : * In-domum Dómini íbimus.

Stantes erant pêdes nostri * in-átriis tûis, Jerúsalem.

Jerúsalem, quæ-ædificátŭr ut-cívitas, * cujus participátio ejus în-idípsum.

Illuc enim ascendérunt tribus, tribus Dómini; * testimónium Is-rael ad-confiténdum nómini Dó-mini.

Quia illic sedérunt sedes în-judício; * sedes super dômum David.

Rogáte quæ-ad-pacem-sûnt Je-rúsalem : * et-abundántia diligên-tibus-te.

Fiat-pax in-virtûte tua, * et-abundántia in-tûrrĭbus tuis.

Propter fratres meos et-prôxĭ-mos nĭeos,* loquébar pâcem dé-te.

Propter domum Dómini Dêi nostri, * quæsivi bôna tibi.

PSAUME 126.

Nisi Dóminus ædificávěrit do-mum,* in-vanum laboravérunt qui-ædíficant eam.

Nisi Dóminus custódierit cîvi-látem, * frustra vígilat qui-cus-tódit eam.

Vanum-est vobis ante lûcem

súrgere: * súrgite postquam sedéritis, qui-manducátis pánĕm dolóris.

Cum-déderit diléctis sûis somnum; * ecce hæréditas Dómini, fílii; merces, frûctus ventris.

Sicut sagíttæ in-mânŭ poténtis,* ita fílii êxcussórum.

Beátus-vir, qui-implévit desidérium sûŭm ex-ipsis : * non-confundétur, cum-loquétur inimícis sûis in-porta.

Ps. Lauda, Jerúsalem..., *p.* 42.

COMMUN DES APOTRES
ET DES ÉVANGÉLISTES.
AUX II. VÊPRES.

Ps. Dixit Dóminus..., *p.* 38.
Ps. Laudáte, púeri..., *p.* 39.
Ps. Crédidi..., *p.* 41.

PSAUME 125.

In-converténdo Dóminus captivitâtem Sion; * facti sumus sicut cônsoláti.

Tunc-replétum-est gáudiô os-nostrum, * et-lingua nostra exultâtióne.

Tunc-dicent înter gentes: * Magnificávit Dóminus fácerê cum-eis.

Magnificávit Dóminus fácerê nobíscum : * facti sûmŭs lætántes.

Convérte, Dómine, captivitâtem nostram, * sicut tôrrĕns in-austro.

Qui-séminânt in-lácrymis, * in-exultatióne metent.

Eúntes îbânt et-flebant, * mitténtes sêmĭna sua.

Veniéntes autem vénient cum-exultâtióne, * portántes manîpŭlos suos.

PSAUME 138.

Dómine, probásti-me et-côgnovisti-me : * tu-cognovísti sessiónem meam et-resurrectiónem meam.

Intellexísti cogitatiónes mêâs de-longe : * sémitam meam et-funículum meum invêstigásti.

Et-omnes vias meas prævidísti; * quia nón-est sermo in-lingua mea.

Ecce, Dómine, tu-cognovísti ómnia novíssima êt-antíqua : * tu-formásti-me et-posuísti super-me mânum tuam.

Mirábilis facta-est sciéntia tûa éx-me; * confortáta-est, et-non-póterô ad-eam.

Quo–ibo a-spîrĭtu tuo? * ét-quo a-fácie tûa fúgiam?

Si-ascéndero in-cœ́lŭm, tu-illíc-es; * si-descéndero iu-infĕrnùm, ades :

Si-súmpsero pennas mêâs dilúculo, * et-habitávero in-extrêmis maris ;

Etenim illuc manus tûâ dedúcet-me, * et-tenébit-me dêxtĕra tua.

Et-dixi: Fórsitan ténebræ cônculcábunt-me : * et-nox illuminátio mea in-delíciis meis.

Quia ténebræ non-obscurabúntur á-te, ét-nox sicut dies illûminábitur ; * sicut ténebræ ejus, ita et-lùmen ejus.

Quia tu-possedísti rênes meos ; * suscepísti-me de-útero mâtris meæ.

Confitébor tibi quia terribíliter magnîficátus-es : * mirabília ópera tua, et-ánima mea cognôscit nimis.

Nón-est occultátum os-meum á-te, quod-fecísti în-occúlto ; * et-substántia mea in-inferióribus terræ.

Imperféctum meum vidérunt óculi tui ; et-in-libro tuo ômnĕs scribéntur : * dies formabúntur, et-nêmô in-eis.

Mihi autem nimis honorificáti-sunt amíci tûi, Deus ; * nimis confortátus-est principâtŭs eórum.

Dinumerábo eos, et-super aré-

nam multiplicabúntur; * exurréxi
et-ádhúc sum tecum.

Si-occíderis, Deus; peccatóres;*
viri sánguinum, declináte á-me;

Quia dícitis in-cogitatióne : *
Accípient in-vanitáte civitâtes
tuas.

Nonne qui-odérunt-te, Dômine,
óderam; * et-super inimícos tuos
tábescébam?

Perfécto ódio óděram illos; *
et-inimíci fácti-sunt mihi.

Proba-me, Deus, et-scîtö cor-
meum:*intérroga-me,et-cognósce
sémitas meas.

Et-vide si-via iniquitâtis ín-
me-est : * et-deduc-me in-viâ
ætérna.

COMMUN DES MARTYRS.

AUX II. VÊPRES.

*Psaumes du Dimanche, p. 38; au
lieu du dernier, Ps.* Crédidi..., p. 41.

COMMUN DES CONFESSEURS

PONTIFES.

AUX II. VÊPRES.

*Psaumes du Dimanche, p. 38; au
lieu du dernier,*

PSAUME 131.

Meménto, Dômine, David, * et-
omnis mansuetúdinis ejus.

Sicut jurávit Dómino, * votum
vovit Déo Jacob :

Si-introíero in-tabernáculum
dómus meæ, * si-ascéndero in-
lectum stráti mei :

Si-dédero somnum óculis meis,*
et pálpebris meis dormitatiónem.

Et-réquiem tempóribus meis;
donec invéniam lócum Dómino, *
tabernáculum Déo Jacob.

Ecce audivimus eam in-Ephrá-

ta, * invénimus eam in-campis
silvæ.

Introíbimus in-tabernáculum
ejus ; * adorábimus in-loco, ubi
stetérunt pédes ejus.

Surge, Dómine, in-réquiem
tuam ; * tu-et-arca sanctificatió-
nis tuæ.

Sacerdótes tui induántur justítiam; * et-sancti túi exúltent.

Propter David sérvum tuum *
non-avértas fáciem Christi tui.

Jurávit Dóminus David veritátem, et-non-frustrábitur eam : *
De-fructu ventris tui ponam super
sédem tuam.

Si-custodíerint fílii tui testaméntum meum, * et-testimónia
mea-hæc quæ-docébo eos.

Et-fílii eórum úsquě in-séculum * sedébunt super sédem
tuam.

Quóniam elégit Dôminus Sion;*
elégit eam in-habitatiónem sibi.

Hæc-réquies mea in-séculum
séculi : * hic-habitábo, quóniam
elégi eam.

Víduam ejus benedícens bêne-
dícam ; * páuperes ejus saturábo
pánibus.

Sacerdótes ejus induam sálu-
tári : * et-sancti ejus exultatióne
éxultábunt.

Illuc prodúcam córnu David; *
parávi lucérnam Christo meo.

Inimícos ejus induam confúsióne : * super ipsum autem efflo-
rébit sanctificátio mea.

COMMUN DES SAINTES VIERGES

ET DES SAINTES FEMMES.

AUX I. ET II. VÊPRES.

*Comme aux fêtes de la sainte
Vierge, p. 42.*

FÊTE DE NOEL.

AUX II. VÊPRES.

Ps. Dixit Dóminus..., *p. 38.*
Ps. Confitébor tibi..., *p. 38.*
Ps. Beátus vir..., *p. 38.*

PSAUME 129.

De-profúndis clamávi âd-te, Dómine : * Dómine, exáudi vôcem meam.

Fiant aures tuæ întendéntes * in-vocem deprecatiónis mcæ.

Si-iniquitátes observâvĕris, Dómine; * Dómine, quis-sŭstinébit ?

Quia apud-te propitiâtio-est, * et-propter legem tuam sustínuî-te, Dómine.

Sustinuit ánima mea in-vêrbo ejus, * sperávit ánima mêà in-Dómino.

A-custódia matutína ûsquĕ ad-noctem;*speret l'sraël in-Dómino.

Quia apud Dóminum misêricórdia, * et-copiósa apud êům redémptio.

Et-ipse rêdĭmet l'srael * exómnibus iniquitâtĭbus ejus.

Ps. Meménto, *p. 44.*

FÊTE DE LA CIRCONCISION.

AUX I. ET II. VÊPRES.

Comme aux fêtes de la Sainte Vierge, p. 42.

FÊTE DE L'ÉPIPHANIE.

AUX II. VÊPRES.

Psaumes du Dimanche, p. 38.

FÊTE DU SAINT NOM DE JÉSUS.

AUX I. ET II. VÊPRES.

Psaumes du Dimanche, p. 38, au lieu du 5e, Ps. Crédidi..., p. 41.

FÊTES DE PAQUES,

DE LA PENTECOTE ET DE LA Se TRINITÉ.

AUX II. VÊPRES.

Psaumes du Dimanche, p. 38.

FÊTE DU SACRÉ-COEUR.

AUX I. ET II. VÊPRES.

Comme au Saint-Sacrement, p. 41.

FÊTES DE SAINTE AGNÈS

ET DE SAINTE AGATHE.

AUX I. VÊPRES.

Psaumes du Dimanche, p. 38, au lieu du 5e, Ps. Laudáte..., p. 41.

AUX II. VÊPRES.

Psaumes du Dimanche, p. 38, au lieu du 5e, Ps. Lauda, Jerúsalem, p. 42.

FÊTES DES SAINTS ANGES.

AUX II. VÊPRES.

Psaumes du Dimanche, p. 38, au lieu du dernier,

PSAUME 137.

Confitébor tibi, Dómine, in-toto côrde meo; * quóniam audisti verba óris mei.

In-conspéctu Angelórum psàllam tibi : * adorábo ad-templum sanctum tuum, et-confitébor nômĭni tuo.

Super misericórdia tua et-veritâte tua; * quóniam magnificásti super omne, nomen sânctum tuum.

In-quacúmque die invocáverô-tĕ, exáudi-me : * multiplicábis in-ánima mêà virtútem.

Confiteántur tibi, Dómine, omnes rêges terræ; * quia audiérunt ómnia verba óris tui.

4.

Et-cantent in-viis Dómini ; * quóniam magna-est glória Dómini.

Quóniam excélsus Dóminus, et-humília réspicit ; * et-alta a-lónge cognóscit.

Si-ambulávero ín-médio tribulatiónis, vivíficábis-me; * et-super iram inimicórum meórum extendísti manum tuam, et-salvum-me fecit déxtéra tua.

Dóminus retríbuet pró-me : * Dómine, misericórdia tua in-séculum ; ópera mánuum tuárum nê-despícias.

FÊTE DE LA TOUSSAINT.

AUX II. VÊPRES.

Psaumes du Dimanche, p. 38, au lieu du 5e, Ps. Crédidi..., *p. 41.*

FÊTE DE LA DÉDICACE.

AUX I. ET II. VÊPRES.

Psaumes du Dimanche, p. 38, au lieu du dernier, Ps. Lauda, Jerúsalem..., *p. 42.*

OFFICE DES MORTS.

A VÊPRES.

PSAUME 114.

Diléxi, quóniam exáudiet Dóminus * vocem oratiónis meæ.

Quia inclinávit aurem súam mihi, * et-in-diébus meis ínvocábo.

Circumdedérunt-me dolôres mortis, * et-perícula inférni ínvenérunt-me.

Tribulatiónem et-dolôrem invéni, * et-nomen Dómini ínvocávi.

O-Dómine, líbera ánimam meam : * miséricors Dóminus et-justus, et-Deus noster míserétur.

Custódiens párvúlos Dominus : *

humiliátus-sum, et-líberávit-me.

Convértere, ánima mea, in-réquiem tuam, * quia Dóminus benefêcit tibi.

Quia erípuit ánimam mêàm de-morte, * óculos meos a-lácrymis, pedes mêôs a-lapsu.

Placêbo Dómino * in-regiône vivórum.

Réquiêm ætérnam * dona éis, Dómine,

Et-lûx-perpétua * lúcëat éis.

PSAUME 119.

Ad-Dóminum, cum-tribulârêr, clamávi ; * et-êxaudívit-me.

Dómine, libera ánimam meam a-lábiis iníquis, * et-a-línguà dolósa.

Quid-detur tibi aut-quid-appo-nâtur tibi, * ad-línguàm dolósam ?

Sagíttæ potêntïs acútæ, * cum-carbónibus desôlatóriis.

Heu-mihi ! quia incolátus meus prolongátus-est ; habitávi cum-habilântibus Cedar : * multum íncola fuit ânima mea.

Cúm-his qui-odérunt pacem, êràm pacíficus : * cum-loquébar illis, impugnâbànt-me gratis.

PSAUME 120.

Leváviôculos mêôs in-montes, * unde véniet auxílium mihi.

Auxílium mêùm a-Dómino, * qui-fecit cœlùm et-terram.

Nón-det in-commotiónem pêdem tuum, * neque dormítet qui-custódit-te.

Ecce non-dormitábit, nêque dórmiet, * qui-custódit Israel.

Dóminus custódit-te, Dóminus protéctio tua * super manum déxteram tuam.

Per-diem sól-non-uret-te, * neque lûnà per-noctem.

Dóminus custódit-te ab-ômni malo : * custódiat ánimam tùam Dóminus.

Dóminus custódiat intróitum tuum et-éxitum tuum, * ex-hóc-nunc et-úsquè in-séculum.

Ps. De profúndis..., p. 45.
Ps. Confitébor tibi, Dómine..., p. 45.

___

A MATINES.

I. NOCTURNE.

PSAUME 5.

Verba mea áuribus pêrcĭpe, Dómine, * intéllige clamôrem meum.
Inténde voci oratiônis meæ, * rex-meus et-Dèus meus.
Quóniam àd-tĕ oràbo ; * Dómine, mane exáudies vôcem meam.
Mane astábo tibi èt-vidébo ; * quóniam non-Deus volens iniquitàtem tú-es.
Neque habitábit juxta-tĕ malígnus ; * neque permanébunt injústi ante ócŭlos tuos.
Odisti omnes qui-operántur iniquitátem : * perdes omnes qui-loquûntŭr mendácium.
Virum sánguinum et dolósum abomĭnábĭtur Dóminus : * ego autem in-multitúdine misericôrdiæ luæ.
Introíbo in-dómum tuam : * adorábo ad-templum sanctum tuum in-timôre tuo.
Dómine, deduc-me in-justitĭa tua : * propter inimícos meos dirige in-cohspéctu tuo vìam meam.
Quóniam nón-est in-ore eôrum véritas : * cor-eôrum vanum-est.
Sepúlchrum patens-est guttur eórum ; linguis suis dolôsĕ agébant : * júdica illos Deus.
Décidant a-cogitatiónibus suis ; secúndum multitúdinem impietátum eórum expélle eos, * quóniam irritavêrŭnt-te, Dómine.

Et-læténtur omnes qui-spêrant in-te, * in-ætérnum exultábunt, et-habitâbĭs iu-eis.
Et-gloriabúntur in-te omnes qui-diligunt nómen tuum ; * quóniam tu-benedíces justo.
Dómine, ut-scuto bonæ voluntátis tuæ, * côronásti-nos.

PSAUME 6.

Dómine, ne-in-furóre tuo árguas-me ; * neque in-ira tua corrîpias-me.
Miserére mei, Dómine, quóniàm infirmus-sum : * sana-me, Dómine, quóniam conturbáta-sunt óssa mea.
Et-ánima mea turbálă-est valde : * sed-tu, Dómine, úsquequo?
Convértere, Dómine, et-éripe ánĭmam meam : * salvum-me-fac propter misericôrdĭam tuam.
Quóniam nón-est in-morte qui-mêmŏr-sit tui : * in-inférno autem quis-confitêbĭtur tibi ?
Laborávi in-gémitu meo ; * lavábo per-singulas noctes lêclum meum, * lácrymis meis stratum mèùm rigábo.
Turbátus-est a-furóre ócŭlus meus : * inveterávi inter omnes inimîcos meos.
Discédite á-me omnes qui-operámini iniquitátem ; * quóniam e-xaudívit Dóminus vocem-flêtus mei.
Exaudívit Dóminus deprecatiônem meam : * Dóminus oratiónem mèàm suscépit.
Erubéscant et-conlurbéntur veheménter omnes inimîci mei : * convertántur et-erubéscant vàldĕ velóciter.

PSAUME 7.

Dómine Deus meus, in-tĕ sperávi : * salvum-me-fac ex-ómnibus persequéntibus-me, et-líbera-me.
Nequándo rápiat ut-leo ánimam meam ; * dum-nón-est qui-rédimat, neque qui-sálvum fáciat.

Dómine Deus meus; si-féci is-tud; * si-est iníquitas in-mánibus meis;

Si-réddidi retribuéntibus mihi mala; * décidam mérito ab-inimí-cis méis inánis;

Persequátur inimícus ánimam meam, et-comprehéndat et-con-cúlcet in-terra vîtam meam; * et-glóriam meam in-púlverêm dedú-cat.

Exúrge, Dómine, in-îra tua; * et-exaltáre in-fínibus inimicôrùm meórum.

Et-exúrge, Dómine Deus meus, in-præcépto quôd-mandásti; * et-synagóga populórum circûmda-bit-te.

Et-propter-hanc in-àltûm regré-dere : * Dóminus jûdìcat pópulos.

Júdica-me, Dómine, secúndum justîtìam meam : * et-secúndum innocéntiam mêam super-me.

Consumétur nequitia peccató-rum et-dîrîges justum : * scrutans corda et-rènes, Deus.

Justum adjutórium mêùm a-Dómino, * qui-salvos facit rêctos corde.

Deus judex justus, fôrtìs et-pátiens : * numquid iráscitur per-sîngùlos dies?

Nisi convérsi fuéritis, gládium sûùm vibrábit : * arcum suum teténdit, et-paràvit illum.

Et-in-eo paràvit vàsa mortis : * sagittas suas ardéntibûs effécit.

Ecce partúriit înjustítiam, * concépit dolórem, et-péperit iniî-quitátem.

Lacum apéruit, ct-effódit eum; * et-íncidit in-fóveàm quam-fecit.

Convertétur dolor ejus in-càput ejus; * et-in-vérticem ipsíus iníi-quitas êjùs descéndet.

Confitébor Dómino secúndum justîtìam ejus; * et-psallam nó-mini Dóminî altíssimi.

II. NOCTURNE.

PSAUME 22.

Dóminus regit-me, et-nihíl mîhí déerit; * in-loco páscuæ ibi me-cóllocávit.

Super aquam refectiónis êdu-cávit-me, * ánimam mêàm con-vértit.

Dedúxit-me super sémitâs jus-tîtiæ * propter nômen suum.

Nam-et-si ambulávero in-médio umbræ mortis, non-timêbo mala; * quóniàm tu-mecum-es.

Virga tua et-bâcùlus tuus, * ipsa me-cônsoláta-sunt.

Parásti in-conspéctu méo men-sam * advérsus eos qui-tríbulant-me.

Impinguásti in-óleo càput me-um : * et-calix meus inébrians quàm-præclàrus-est !

Et-misericórdia tua sûbsequé-tur-me * ómnibus diébus vîtæ meæ;

Et-ut-inhábitem in-dômo Dómi-ni, * in-longitúdinêm diérum.

PSAUME 24.

Ad-te, Dómine, levávi ânimam meam : * Deus meus, ín-te con-fido, non-êrubéscam.

Neque irrídeant-me inimîci mei : * étenim univérsi qui-sústi-nent-te, non-cônfundéntur.

Confundántur omnes iníquà a-géntes * sûpervácue.

Vias tuas, Dómine, demônstra mihi; * et-sémitas tuas êdoce-me.

Dírige-me in-veritáte tûà, et-doce-me; * quia tú-es Deus salvá-tor meus, et-te-sustínui tôta die.

Reminíscere miseratiónum tuâ-rum, Dómine, * et-misericordiá-rum tuàrum, quæ-a-sêculo-sunt.

Delicta juventûtis meæ, * et-ignorántias meas nê-memíneris.

Secúndum misericórdiam tuam *meménto mei-tu*, * propter bonitátem túam, Dómine.

Dulcis et-rêctus Dóminus; * propter-hoc legem dabit delinquéntibûs in-via.

Diriget mansuétos ín-judício : * docébit mites vîas suas.

Univérsæ viæ Dómini, misericórdiâ et-vérilas, * requiréntibus testaméntum ejus et-testimônïa ejus.

Propter nomen tuum, Dómine, propiliáberis peccáto meo : * múltûm-est enim.

Quis-est homo qui-tîmet Dóminum? * legem státuit ei in-via quàm-elégit.

Anima ejus in-bonis dêmorábitur, * el-semen ejus hæreditâbit terram.

Firmaméntum-est Dóminus timéntibus eum ; * et-testaméntum ipsius ut-manifestêtur íllis.

Oculi mei sêmpêr ad-Dóminum, * quóniam ipse evéllet deláqueo pêdes meos.

Réspice ín-me, et-miserêre mei ; * quia únicus et-pâupêr-sum ego.

Tribulatiónes cordis mei múltiplicátæ-sunt : * de-necessitátibus meis êrue-me.

Vide humilitátem mcam, el-labôrem meum : * el-dimítte univérsa delícta mea.

Réspice inimícos meos, quóniam multíplicáti-sunt : * et-ódio iniquô odérunt-me.

Custódi ánimam meam, et-êrue-me : * non-erubéscam, quóniam sperávi ín-te.

Innocéntes et-recti adhæsêrunt mihi : * quia sustînui-te.

Libera, Dèus, l'srael * ex-ómnibus tribulatiónïbus suis.

PSAUME 26.

Dóminus illuminátio mea et-sãlus mea : * quêm-timébo ?

Dóminus protéctor vîtæ meæ : * à-quo trêpidábo ?

Dum-apprópiant super-mê nocéntes, * ut-edant cârnes meas.

Qui-tríbulant-me inimíci mei, * ipsi infirmáti-sunt, et-cêcidérunt.

Si-consístant advêrsûm-me castra, * non-timêbit cor-meum.

Si-exúrgat advêrsûm-me prælium, * ín-hoc êgŏ sperábo.

Unam pétii a-Dómino, hâncrequíram ; * ut-inhábitem in-domo Dómini ómnibus diébus vîtæ meæ.

Ut-vídeam voluptátem Dómini, * et-vísitem témplum ejus.

Quóniam abscóndit-me in-tabernâcŭlo suo ; * in-die malórum protéxit-me in-abscóndito tabernâcŭli sui.

In-petra êxaltávit-me : * ét-nunc exaltávit caput meum super inimícos meos.

Circuívi et-immolávi in-tabernáculo ejus hóstiam vociferâtiónis : * cantábo et-psalmum dîcam Dómino.

Exáudi, Dómine, vocem meam qua-clamâvi ád-te ; * miserére mei, êt-exáudi-me.

Tibi díxit cor-meum : Exquisívit-te fâcïes mea ; * fáciem tuam, Dóminê, requíram.

Ne-avértas fáciem tûam á-me : * ne-declínes in-ira a-sêrvo tuo.

Adjútor mêus esto : * ne-derelínquas-me, neque despícias-me, Dcus, salutâris meus.

Quóniam pater meus et-mater mea derêliquérunt-me ; * Dóminus âutêm assúmpsit-me.

Legem pone mihi, Dómine, in-vîa tua, * et-dírige-me in-sémitam rectam propter inimícos meos.

Ne-tradíderis-me in-ánimas tribulântium-me : * quóniam insurrexérunt ín-me testes iníqui, et-mentíta-est iníquitas sibi.

Credo vidére bôna Dómini * in-térrà vivéntium.

Expécta Dóminum, virîlĭter age : * et-confortétur cor-tuum et-sûstine Dóminum.

III. NOCTURNE.

PSAUME 39.

Expéctans expectâvi Dóminum;* et-inténdit mihi.

Et-exaudívit prêces meas, * et-edúxit-me de-lacu misériæ et-delûto fæcis.

Et-státuit super petram pêdes meos, * et-diréxit grêssus meos.

Et-immísit in-os-meum cântĭcum novum, * carmen Dêo nostro.

Vidébunt multi êt-timébunt, * et-sperâbûnt in-Dómino.

Beátus-vir, cujus-est nomen Dómini spes-ejus ; * et-non-respéxit in-vanitátes et-insânias falsas.

Multa fecisti-tú, Dómine Deus meus, mirabília tua : * et-cogitatiónibus tuis nón-est qui-similîssit tibi.

Annuntiávi êt-locútus-sum : * multiplicáti-sunt sûper númerum.

Sacrificium et-oblatiónem nôluísti, * aures autem perfecîsti mihi.

Holocáustum et-pro-peccáto non-pôstulásti ; * tunc-dixi : Ècce vénio.

In-cápite libri scriptum-est déme, ut-fácerem voluntâtem tuam ;* Deus meus, vólui, et-legem tuam in-médio côrdis mei.

Annuntiávi justítiam tuam in-Ecclèsìa magna : * ecce lábia mea non-prohibébo ; Dómine, tu-scisti.

Justítiam tuam non-abscóndi incôrde meo : * veritátem tuam et-salutáre tûum dixi.

Non-abscóndi misericórdiam tuam, et-veritâtem tuam * a-concîlio multo.

Tu-autèm, Dómine, ne-longe fácias miseratiónes tûas á-me : * misericórdia tua et-vérìtas tua semper sûscepérunt-me.

Quóniam circumdedérunt-me mala, quorum nôn-est númerus : * comprehendérunt-me iniquitátes meæ ; et-non-pótui ût-vidérem.

Multiplicátæ-sunt super capillos câpĭtis mei, * et-cor-meum dèreliquit-me.

Compláceat tibi, Dómine, ut-êruas-me : * Dómine, ad-adjuvândûm-me réspice.

Confundántur et-revereántur simul, qui-quærunt ânĭmam meam : *, ut-âufêrant eam.

Convertántur retrórsum et-revêreántur, * qui-volunt mîhi mala.

Ferant conféstim confusiônem suam, * qui-dicunt mihi ; Êuge, euge.

Exúltent et-læténtur super-te ômnès quæréntes-te, * et-dicant semper : Magnificétur Dóminus, qui-diligunt salutâre tuum.

Ego autem mendícus-sûm, et-pauper : * Dóminus sollícitûs-est mei.

Adjútor meus, et-protéctor mêus tú-es : * Deus meus, nê-tardáveris.

PSAUME 40.

Beátus qui-intélligit super egênûm et-páuperem : * in-die mala liberábit êum Dóminus.

Dóminus consérvet eum, et-vivíficet eum, et-beátum fáciat êùm in-terra : * et-non-tradat eum in-ánimam inimicôrum ejus.

Dóminus opem ferat illi super lectum dolôris ejus : * univérsum stratum ejus versásti in-infirmitâte ejus.

Ego dixi : Dómine, miserêre mei ; * sana ánimam meam, quia peccâvi tibi.

Inimíci mei dixérunt mâla mihi : * Quando moriétur, et-períbit nômen ejus?

Et-si-ingrediebátur ut-vidéret, vana lóquebátur : * cor-ejus congregávit iniquitátem sibi.

Egrediebátur foras, * et-loquebátur în-idípsum.

Advérsum-me susurrábant omnes inimîci mei, * advérsum-me cogitábant mâla mihi.

Verbum iniquum constituêrùnt advérsum-me, * Numquid qui-dormit, non-adjíciet ût-resúrgat?

Etenim homo pacis meæ, în-quò sperávi, * qui-edébat panes meos, magnificávit super-me supplantátiónem.

Tu-autem, Dómine, miserére mei, et-resúscita-me : * et-retrîbuam eis.

In-hoc cognóvi quóniam vôluísti-me, * quóniam non-gaudébit inimícus mèus super-me.

Me-autem propter innocéntiam sûscepísti ; * et-confirmásti-me in-conspéctu tuo în-ætérnum.

Benedíctus Dóminus Deus Israel a-século, et-ûsquè in-século. * Fîat, fiat.

PSAUME 41.

Quemàdmodum desíderat cervus ad-fôntès aquárum : * ita desíderat ánima mea âd-te, Deus.

Sitívit ánima mea ad-Deum fôrtem, vivum ; * quando véniam, et-apparébo ante fáciem Dei?

Fuérunt mihi lácrymæ meæ panes diè ac-nocte ; * dum-dicitur mihi quotídie : Ubi-est Dèus tuus?

Hæc-recordátus-sum, et-effúdi ín-me ânimam meám ; * quóniam transibo in-locum tabernáculi admirábilis, usque ad-dômum Dei.

In-voce exultatiónis et-confessiónis : * sonus èpulántis.

Quare tristis-es, ânima mea? * et-quârè contúrbas-me?

Spera in-Deo, quóniam adhuc

confitêbor illi : * salutáre vultus mei, et-Dèus meus.

Ad-meípsum ánima mea cônturbáta-est : * proptérea memor ero tui de-terra Jordánis, et-Hermóniim a-mônte módico.

Abýssus abýssum ínvocat : * in-voce cataractárùm tuárum.

Omnia excélsa tua, et-flûctus tui * super-mc trànsiérunt.

In-die mandávit Dóminus misericôrdïam suam ; * et-nocte cânticum ejus.

Apud-me orátio Deo vîtæ meæ ;* dicam Deo : Suscèptor meus-es.

Quare oblîtùs-es mei? * et-quare contristátus incédo, dum-afflígit-me înimícus.

Dum-confringúntur ôssa mea, * exprobravérunt mihi qui-tribulant-me ínimîci mei.

Dum-dicunt mihi per-síngulos dies : Ubi-est Dèus tuus? * quare tristis-es, ánima mea? et-quârè contúrbas-me?

Spera in-Deo, quóniam adhuc confitêbor illi : * salutáre vultus mei, et-Dêus meus.

A LAUDES.

PSAUME 50.

Miserére mêi, Deus, * secúndum magnam misericôrdïam tuam.

Et-secúndum multitúdinem miseratiônùm tuárum * dele iniquitàtem meam.

Amplius lava-me ab-iniquitâte meà ; * et-a-peccáto mêo munda-me.

Quóniam iniquitátem meam êgð cognósco, * et-peccátum meum contra-mê est-semper.

Tibi soli peccávi, et-malum côràm-te feci ; * ut justificéris in-sermónibus tuis, et-vincas, cum-jûdicáris.

Ecce enim in-iniquitátibùs con-

céptus-sum, * et-in-peccátis con-
cépit-me máter mea.

Ecce enim veritátem dilexísti:* incérta et-occúlta sapiéntiæ tuæ manifestásti mihi.

Aspérges-me hyssópo êt-mun-dábor: * lavábis-me, et-super nivem dealbábor.

Audítui meo dabis gáudium êt-lætítiam; * et-exultábunt ossa humíliáta.

Avérte fáciem tuam a-peccátis meis,* et-omnes iniquitátes mêas dele.

Cor-mundum creaîn-me, Deus,* et-spíritum rectum ínnova in-visceríbus meis.

Ne-projícias-me a-fácie tua, * et-spíritum sanctum tuum ne-aúfēras á-me.

Redde mihi lætítiam salutáris tui, * et-spíritu principáli confír-ma-me.

Docébo iníquos vîas tuas, * et-ímpii ád-te cónverténtur.

Libera-me de-sanguínibus, Deus, Deus salútis meæ; * et-exul-tábit lingua mea justîtiam tuam.

Dómine, lábia mêâ apéries, * et-os-meum annuntiábit láudem tuam.

Quóniam si-voluísses sacrifí-cium, dedîssem útique: * holo-cáustis non-dèlectáberis.

Sacrificium Deo spíritus contrî-bulátus: * cor-contrítum et-humi-liátum, Deus, nôn-despícies.

Benigne-fac, Dómine, in-bona voluntáte túa, Sion, * ut-ædificén-tur mûri Jerúsalem.

Tunc-acceptábis sacrificiumjus-títiæ, oblatiónes et-hólocáusta : * tunc-impónent super altáre tûum vítulos.

PSAUME 64.

Te-decet hymnus, Dêus, in-Sion, * et-tibi reddétur vo-tum în-Jerúsalem.

Exáudi oratiónem meam : * ád-te omnis cáro véniet.

Verba iniquórum prævaluêrunt super-nos : * et-impietátibus nos-tris tu-propitiáberis.

Beátus quem-elegísti et-âssum-psisti : * inhabitábit in-âtriis tuis.

Replébimur in-bonis dômus tuæ:* sanctum-est templum tuum, mirábile in-æquitáte.

Exáudi-nos, Deus salutáris nos-ter; * spes-ómnium fínium terræ, et-in-mâri longe.

Præparans montes in-virtúte tua, accínctús poténtia : * qui-con-túrbas profúndum maris, sonum flúctúum ejus.

Turbabúntur gentes, êt-timé-bunt qui-hábitant términos a-sîgnis tuis : * éxitus matutíni et-véspere dèlectábis.

Visitásti terram, et-inebriásti eam, * multiplicásti locupletáre eam.

Flumen Dei replétum-est aquis, parásti cîbum illórum : * quóniam ita-est præparátio ejus.

Rivos ejus inébria, multíplica genîmina ejus,* in-stillicídiis ejus lætábitur gérminans.

Benedices corónæ anni beni-gnitátis tuæ : * et-campi tui re-plebúntur úbertáte.

Pinguéscent speciôsâ desérti, * et-exultatióne colles âccingéntur.

Indúti-sunt aríetes óvium, et-valles abundábùnt fruménto:* cla-mábunt, étenim hymnum dicent.

PSAUME 62.

Deus, Dêus meus, * ád-te de-lúce vígilo.

Sitívit in-te ânima mea, * quam-multipliciter tibi cáro mea.

In-terra desérta, et-ínvia, et-înaquósa,* sic-in-sancto appárui tibi, ut-vidérem virtútem tuam et-glóriam tuam.

Quóniam mélior-est misericórdia tua super vitas; * lábia méâ laudábunt-te.

Sic benedícam-te in-vîta mea; * et-in-nómine tuo levábo mânus meas.

Sicut ádipe et-pinguédine repleátur ânìma mea, * et-lábiis exultatiónis laudâbit os-meum.

Si-memor fui tui super stratum meum ; in-matutínis meditábor ín-te, * quia fuísti adjútor meus.

Et-in-velaménto alárum tuárum exultábo : adhǽsit ánima mèa póst-te,* me-suscépit dèxtéra tua.

Ipsi vero in-vanum quæsiérunt ánimam meam, introíbunt in-inferióra terræ : * tradéntur in-manus gládii, partes vúlpium erunt.

Rex-vero lætábitur in-Deo, laudabúntur omnes qui-júrànt in-eo : * quia obstrúctum-est os-loquéntiúm iníqua.

Ici on ne dit ni Réquiem , *ni* Glória.

PSAUME 66.

Deus misereátur nostri, et-benedícat nobis : * illúminet vultum suum super-nos, et misereátur-nostri.

Ut-cognoscámus in-terra vìam tuam, * in-ómnibus géntibus salutáre tuum.

Confiteántur tibi pôpùli, Deus, * confiteántur tibi pôpúli omnes.

Læténtur et-exúltent gentes, * quóniam júdicas pópulos in-æquitáte, et-gentes in-tèrra dirigis.

Confiteántur tibi pópuli, Deus, confiteántur tibi pôpúli omnes : * terra dedit frúctum suum.

Benedícat-nos Deus, Deus noster ; benedícat-nos Deus, * et-métuant eum omnes fînes terræ.

CANTIQUE D'EZÉCHIAS.

Ego dixi : In-dimídio diérùm meórum, * vadam ad pôrtas ínferi.

Quæsívi residuum annôrùm meórum, * dixi : Non vidébo Dóminum Deum in-tèrrâ vivéntium.

Non aspíciam hôminem ultra, * et-habitatôrèm quiétis.

Generátio mea abláta-est, et-convolútâ-est á-me, * quasi tabernáculûm pastórum.

Præcísa-est velut a-texénte vita mea : dum-adhuc ordîrèr, succídit-me : * de-mane usque ad-vésperam fînies-me.

Sperábam ûsquê ad-mane, * quasi leo sic-contrívit ómnia óssa mèa :

De-mane usque ad-vésperam fínies-me : * sicut pullus hirúodinis sic-clamábo, meditábor ûtcolúmba.

Attenuáti-sunt ócùli mei, * suspiciéntes în-excélsum.

Dómine, vim-pátior, respônde pró-me : * Quid-dicam, aut-quid-respondébit mihi, cum-îpse fécerit ?

Recogitábo tibi omnes ânnos meos * in-amaritúdine ânìmæ meæ.

Dómine, si-sic-vívitur, et-in-tálibus vita spiritus mei, corrípies-me, et vivîncábis-me : * Ecce in-pace amaritúdo mea âmaríssima.

Tu-autem eruísti ánimam meam ut-nôn-períret, * projecísti posttergum tuum ómnia peccáta mea.

Quia non-inférnus confitébitur tibi, neque-môrs laudábit-te : * non-expectábunt qui-descéndunt in-lacum veritátem tuam.

Vivens, vivens ipse confitébitur tibi, sicut et-êgo hódie : * pater filiis notam fáciet veritátem tuam.

Dómine, sâlvum-me-fac, * et-psalmos nostros cantábimus cunctis diébus vitæ nostræ in-dômo Dómini.

5

Psaume 148.

Laudáte Dóminum de cœlis : * laudáte eum in-excélsis.

Laudáte eum, omnes A'ngĕli ejus : * laudáte eum, omnes virtûtes ejus.

Laudáte eum, sól-et-luna ; * laudáte eum, omnes stêllæ et-lumen.

Laudáte eum, cœli cœlórum; * et-aquæ omnes, quæ-super cœlossunt, laudent nômen Domini ;

Quia ipse díxit, et-facta-sunt : * ipse mandávit, êt-creáta-sunt.

Státuit ea in-ætérnum, et-insêcŭlum séculi : * præcéptum pósuit, et-non-prætteribit.

Laudáte Dóminùm de-terra, * dracónes et-ômnĕs abýssi.

Ignis, grando, nix, glácies, spíritus prócellárum, * quæ-fáciunt vêrbum ejus;

Montes et-ômnes colles, * ligna fructifera et-ômnes cedri.

Béstiæ et-univérsa pécora, * serpéntes et-vólucrês pennátæ.

Reges terræ, et-ômnes pópuli, * príncipes, et-omnes jûdĭces terræ.

Júvenes et-vírgines, senes cumjunióribus laudent nômen Domini ; * quia exaltátum-est nomen êjŭs solíus.

Conféssio ejus, super cœlŭm etterram : * et-exaltávit cornu pôpŭli sui.

Hymnus ómnibus sânctis ejus ; * filiis Israel, pópulo appropinquânti sibi.

Ici on ne dit ni Réquiem, *ni* Glória.

Psaume 149.

Cantáte Dómino cánticum novum ; * laus-ejus in-Ecclésiâ sanctórum.

Lætétur Israel in-eo qui-fêcit eum, * et-filii Sion exúltent in-rêge suo.

Laudent nomen êjŭs in-choro : * in-týmpano et psaltério psâllant ei.

Quia beneplácitum-est Dómino in-pôpŭlo suo : * et-exaltábit mansuétos in-salútem.

Exultábunt sâncti in-glória, * lætabúntur in-cubilĭbus suis.

Exaltatiónes Dei in-gúttŭrê eórum, * et-gládii ancipites in-mánibŭs eórum.

Ad-faciéndam vindíctam in-nàtiónibus, * increpatiônĕs in-pópulis.

Ad-alligándos reges eórum in-compédibus : * et-nóbiles eórum in-mánĭcis férreis ;

Ut-fáciant in-eis judíciùm conscríptum : * glória hæc-est ómnibus sânctis ejus.

Ici on ne dit ni Réquiem, *ni* Glória.

Psaume 150.

Laudáte Dóminum in-sânctis ejus : * laudáte eum in-firmaménto virtútis ejus.

Laudáte eum in-virtútĭbus ejus : * laudáte eum secúndum multitúdinem magnitûdĭnis ejus.

Laudáte eum in-sôno tubæ : * laudáte eum in-psaltériô et-cithara.

Laudáte eum in-týmpanô et-choro : * laudáte eum in-chôrdĭs et-órgano.

Laudáte eum in-cýmbalis benesonántibus ; laudáte eum in-cýmbalis jubilâtiónis : * omnis spíritus lâudet Dóminum.

Cantique de Zacharie.

Benedíctus Dóminus Dêus Israel : * quia visitávit, et-fecit redemptiónem plêbis suæ :

Et-eréxit cornu salûtis nobis, * in-domo David pŭĕri sui :

Sicut locútus-est per-ôs-sanctórum, * qui-a-século-sunt, Prophetârum ejus :

Salútem ex-inimîcis nostris, * et-de-manu ómnium, quî-odérunt-nos :

Ad-faciéndam misericórdiam cum pâtríbus nostris, * el-memorári testaménti sûi sancti :

Jusjurándum quod-jurávit ad-Abraham pâtrem nostrum, * datûrům-se nobis ;

Ut-sine timóre de-manu inimicórum nostrórum liberáti, * serviámus illi :

In-sanctitáte et-justítia côram ipso : * ómnibus diébus nostris.

Et-tu, puer, Prophéta Altíssimî vocáberis : * præíbis enim ante fáciem Dómini paráre vîas ejus ;

Ad dandam sciéntiam salútis plêbi ejus : * in-remissiónem peccatórům eórum.

Per-víscera misericórdiæ Dêi nostri, * in-quibus visitávit-nos óriêns ex-alto ;

Illumináre-his, qui-in-ténebris, et-in-umbra môrtis sedent ; * ad-dirigéndos pedes nostros in-vîam pacis.

FÊTE DE NOEL.

A MATINES.

I. NOCTURNE.

PSAUME 2.

Quare fremuêrunt gentes : * et-pópuli meditáti-sùnt inánia ? Astitérunt reges terræ, et-príncipes convenêrùnt in-unum, * advérsus Dóminum, et - advérsus Christum ejus.

Dirumpámus vínculâ eórum : * et-projiciámus a-nobis jûgùm ipsórum.

Qui-hábitat in-cœlis irridébit eos : * et-Dóminus subsannábit eos.

Tunc-loquétur ad-eos in-îra sua : * et-in-furóre suo conturbâbit eos.

Ego autem constitútus-súm-rex ab-eo super Sion montem sânctum ejus, * prædicans præcêptum ejus.

Dóminus dixit ád-me : * Fílius meus és-tu, ego hódie gênui-te.

Póstula á-me, et-dabo tibi gentes hæreditátem tuam : * et possessiónem tuam têrmînos terræ.

Reges eos in-vîrga férrea : * et-tanquam vas-fíguli confrínges eos.

Et-nunc, reges, întellígite : * erudímini qui-judicátis terram.

Servíte Dómino în-timóre : * et-exultáte ei cûm-tremóre.

Apprehéndite disciplinam ne-quándo irascátur Dóminus ; * et-pereátis de-vîa justa.

Cum-exárserit in-brevi îra ejus : * beáti omnes qui-confîdùnt in-eo.

PSAUME 18.

Cœli enárrant glórîam Dei ; * et-ópera mánuum ejus annúntiat firmaméntum.

Dies diéi erúctat verbum ; * et-nox nocti jndicát sciéntiam.

Nón-sunt loquélæ, nêquê sermónes, * quorum non-audiántur vôcês eórum.

In-omnem terram exivit sônùs eórum ; * et-in-fines orbis terræ vêrbâ eórum.

In-sole pósuit tabernáculum suum ; * et-ipse tanquam sponsus procédens de-thálâmo suo :

Exultávit ut-gigas ad-currêndam viam ; * a-summo cœlo egrêssio ejus.

Et-occúrsus ejus usque ad-súmmum ejus : * néc-est qui-se-abscóndat a-calóre ejus.

Lex-Dómini immaculáta convértens ánimas : * testimónium Dómiúi fidéle, sapiéntiam præstans párvulis.

Justítiæ Dómini rectæ, lætificántes corda : * præcéptum Dómini lúcidum, illúminans óculos. Timor Dómini sanctus, pérmanens in-sèculum séculi : * judícia Dómini vera, justificáta in-sèmetípsa :

Desiderabília super aurum et-lápidem pretiôsum multum ; * et-dulciôra super-mêl et-favum.

Etenim servus tuus custôdit ea : * in-custodiéndis illis retribútio multa.

Delícta quis-intélligit ? Ab-occúltis mêis munda-me ; * et-ab-aliéjnis parce sèrvo tuo.

Si-mei non-fúerint domináti, tunc-immaculâtus ero ; * et-emundábor a-delîcto máximo.

Et-erunt ut-complâceant elóquia ôris mei ; * et-meditâtio cordis mei in-conspéctu tûo semper.

Dómine, adjútor meus, * et-redêmptor meus.

Psaume 44.

Eructávit cor-meum vêrbum bonum : * dico ego ópera mêa regi.

Lingua mea câlamus scribæ * velóciter scribéntis.

Speciósus forma præ-filiis hóminum, diffúsa-est grátia in-lâbiis tuis : * proptérea benedixit-te Deus în-ætérnum.

Accingere glâdio tuo super fêmur tuum, * Pótentissime.

Spécie tua et-pulchritûdine tua* inténde, próspere procêdê, et-regna.

Propter veritátem, et-mansuetúdinem, êt-justítiam : * et-dedúcet-te mirabiliter dêxtêra tua.

Sagíttæ tuæ acútæ, pópuli sûbte cadent, * in-corda inimicôrum regis.

Sedes tua, Deus, in-sêculum sé-

culi : * virga directiónis virga rêgni tui.

Dilexísti justítiam, et-odísti iníquitátem : * proptérea unxit-te Deus, Deus tuus óleo lætíliæ præconsôrtibus tuis.

Myrrha et-gutta et-câsia a-vestiméntis tuis, à-dómibûs ebúrneis : * ex-quibus delectavérunt-te fíliæ regum in-honôre tuo.

Astitit regína a-dextris tuis investítu dêauráto, * circúmdata varîetáte.

Audi, fília, et-vide, et-inclína âurem tuam : * et-oblivíscere pópulum tuum et-domum pâtris tui.

Et-concupíscet-rex decôrem tuum : * quóniam ipse-est Dóminus Deus tuus, et-adorâbunt eum.

Et-fíliæ Tyri în-munéribus : * vultum tuum deprecabúntur omnes divítes plebis.

Omnis glória ejus fíliæ rêgîs abintus ; * in-fimbriis áureis circumamicta varîetátibus.

Adducéntur regi vírginês posteam : * próximæ ejus afferéntur tibi.

Afferéntur in-lætítia et-exultâtióne ; * adducéntur in-têmplum regis.

Pro-pátribus tuis nati-sunt tîbi fílii : * constítues eos principes super ômnem terram.

Mémores erunt nóminis tui, * in-omni generatióne et-generâtiónem.

Proptérea pópuli confitebúntur tibi în-ætérnum, * et-in-sèculum séculi.

II. NOCTURNE.

Psaume 47.

Magnus Dóminus et-laudâbilis nimis, * in-civitáte Dei nostri, in-monte sâncto ejus.

Fundátur exultatióne univérsæ

têrræ mons-Sion, * látera Aquilónis, cívitas rêgis magni.

Deus in-dómibus ejus côgnoscétur, * cum-suscîpïet eam.

Quóniam ecce reges terræ côngregáti-sunt, * convenêrùut in-unum.

Ipsi vidéntes sic-admiráti-sunt, conturbáti-sùnt, commóti-sunt : * tremor apprehêndit eos.

Ibi dolóres ut-partûriéntis ; * in-spíritu veheménti cónteres nâves Tharsis.

Sicut audívimus, sic-vídimus in-civitáte Dómini virtútum, in-civitáte Dêi nostri ; * Deus fundávit eam în-ætérnum.

Suscépimus, Deus, misericôrdiam tuam * in-médio têmpli tui.

Secúndum nomen tuum, Deus, sic-et-laus-tua in-fînes terræ : * justítia plena-est dêxtêra tua.

Lætétur mons-Sion, et-exúltent fîliæ Judæ * propter judícia tûa, Dómine.

Circúmdate Sion, et-complectîmini eam : * narrate in-tûrribus ejus.

Pónite corda vestra in-virtûte ejus, * et-distribúite domos ejus ut-enarrétis in-progênïe áltera.

Quóniam hîc-est Deus, Deus noster in-ætérnum, et-in-sêcùlum séculi : * ipse reget-nôs in-sécula.

PSAUME 71.

Deus, judícium tûum regi-da : * et-justítiam tuam fîlïo regis.

Judicáre pópulum tuum în-justítia, * et-páupcres tuos în-judicio.

Suscípiant montes pâcem pópulo, * et-côllês justítiam.

Judicábit páuperes pópuli, et-salvos fáciet fîlios páuperum, * et-humiliábit calumnïatórem.

Et-permanébit cum-sole, et-ânte lunam, * in-generatióne et-generâtiónem.

Descéndet sicut plúvïâ in-vellus, * et-sicut stillicídia stilléntïa sûper terram.

Oriétur in-diébus ejus justítia et-abundântïa pacis, * donec auferâtur luna.

Et-dominábitur a-mari ûsquê ad-mare : * et-a-flúmine usque ad-términos ôrbis terrárum.

Coram illo prócidênt Æthíopes : * et-inimíci ejus têrram lingent.

Reges Tharsis et-insulæ mûnêra ôfferent : * reges Arabum et-Saba dônâ addúcent.

Et-adorábunt eum omnes rêges terræ : * omnes gentes sêrvïent ei.

Quia liberábit páuperem â-poténte, * et páuperem, cui non-êrât adjútor.

Parcet páuperî et-ínopi : * et-ánimas páuperum sâlvas, fáciet.

Ex-usúris et-iniquitáte rédimet ánimâs eórum : * et-honorábile nomen eórum côram illo.

Et-vivet, et-dábitur ei de-auro Arábïæ, et-adorábunt de-îpso semper : * tota die benedîcent ei.

Et-erit firmaméntum in-terra in-summis móntium, superextollétur super Líbanum frûctus ejus : * et-florébunt de-civitáte sicut fênum terræ.

Sit-nomen ejus benedîctùm insécula : * ante solem pérmanet nômen ejus.

Et-benedicéntur in-ipso omnes tríbus terræ : * omnes gentes magnificâbunt eum.

Benedíctus Dóminus Dêus Israel : * qui-facit mirabîlïa solus.

Et-benedíctum nomen majestátis ejus în-ætérnum : * et-replébitur majestáte ejus omnis terra : fîat, fîat.

5.

PSAUME 84.

Benedixisti, Dómine, tèrram tuam : * avertísti captivitâtem Jacob.

Remisísti iniquitátem plèbis tuæ : * operuísti ómnia peccâtá eórum.

Mitigásti omnem îram tuam, * avertísti ab-ira indignatiónis tuæ.

Convérte-nos, Deus salutâris noster : * et-avérte iram tûâm a-nobis.

Numquid in-ætérnum irascêris nobis ? * aut-extéñdes iram tuam a-generatióne in-generatiónèm ?

Deus, tu-convérsus vivíficábis-nos, * et-plebs-tua lætâbĭtur ín-te.

Osténde nobis, Dómine, misericôrdïam tuam : * et-salutáre tû-ûm da-nobis.

Audiam quid-loquátur ín-me Dóminus Deus : * quóniam loquétur pacem in-plèbem suam.

Et-super sânctos suos, * et-in-eos qui-convertûntur ád-cor.

Verúmtamen prope timéntes eum salutârě ipsius ; * ut-inhábitet glória in-tèrra nostra.

Misericórdia et-véritas obviavêrunt sibi : * justítia ét-pax ósculátæ-sunt.

Véritas de-tèrra orta-est ; * et-justítia de-cœlô prospéxit.

Etenim Dóminus dabit benígnitátem, * et-terra nostra dabit frûctum suum.

Justítia ante eum âmbulábit, * et-ponet in-via grèssus suos.

III. NOCTURNE.

PSAUME 88.

Misericôrdïas Dómini * in-ætèrnum cantábo.

In-generatiónem et-generatiónem * annúntiábo veritátem tuam in-ôre meo.

Quóniam dixísti : In-ætérnum misericórdia ædificábitûr in-cœlis : * præparábitur véritas tûâ in-eis.

Dispósui testaméntum eléctis meis, jurávi David sêrvo meo : * Usque in-ætérnum præparábo sêmen tuum.

Et-ædificábo in-generatiónem et-generâtiónem * sèdem tuam.

Confitebúntur cœli mirabília tûa, Dómine : * étenim veritátem tuam in-ecclésiâ sanctórum.

Quóniam quis-in-núbibus æquâbitur Dómino ? * símilis erit Deo in-fíliis Dei ?

Deus qui-glorificátur in-concíliô sanctórum : * magnus et-terribilis super omnes qui-in-circûîtu ejus-sunt.

Dómine Deus virtútum, quis-símilis tibi ? * potens-es, Dómine, et-véritas tua in-circûîtu tuo.

Tu-domináris potestâti maris : * motum autem flúctuum êjùs tu-mítigas.

Tu-humiliásti sicut vulnerâtûm supérbum : * in-brâchio virtútis tuæ dispersísti inimîcos tuos.

Tui-sunt cœli, et-tua-est terra ; orbem terræ et-plenitúdinem ejus tû-fundásti : * Aquilónem, et-mare tû-creásti.

Thabor et-Hermon in-nómine tuo êxultábunt : * tuum brâchium cûm-poténtia.

Firmétur manus tua, et-exaltétur dèxtĕra tua : * justítia et-judícium præparátio sêdis tuæ.

Misericórdia et-véritas præcédent fâciem tuam : * beátus pópulus qui-scit-jubilâtiónem.

Dómine, in-lúmine vultus tui ambulábunt, et-in-nómine tuo exultábunt tôtâ die, * et-in-justítia tua exâltabúntur.

Quóniam glória virtútis eórum tú-es : * et-in-beneplácito tuo exaltábitur côrnu nostrum.

Quia Dómini æst assúmptio nostra, * et-sancti Israel Rêgis nostri.

Tunc - locútus - es in - visióne sanctis tuis, êt-dixísti : * Pósui adjutórium in-poténte, et-exaltávi eléctum de-plêbe mea.

Invéni David sêrvum meum, * óleo sancto meo ûnxi eum.

Manus enim mea auxiliábitur ei, * et-bráchium meum confortábit eum.

Nihil profíciet inimîcùs in-eo ; * et-fílius iniquitátis non-appónet nocére ei.

Et-concídam a-fácie ipsius inimícos ejus, * et-odiéntes eum in-fúgàm convértam.

Et-véritas mea et-misericórdia mêà cum-ipso, * et-in-nómine meo exaltábitur córnu ejus.

Et-ponam in-mari mànum ejus, * et-in-fluminibus dêxtèram ejus,

Ipse invocábit-me : Pater mêus és-tu; * Deus meus, et-suscéptor salútis meæ.

Et-ego primogénitum pónam illum, * excélsum præ-rêgibus terræ.

In-ætérnum servábo illi misericórdiam meam : * et-testaméntum meum fidèle ipsi.

Et-ponam in-séculum séculi sêmen ejus, * et-thronum ejus sicut dies cœli.

Si-autem derelíquerint filii ejus lêgem meam, * et-in-judíciis meis non-âmbuláverint :

Si - justítias meas prôfanáverint, * et-mandáta mea non-cústodíerint :

Visitábo in-virga iniquitátès eórum, * et-in-verbéribus peccátà eórum.

Misericórdiam autem meam non-dispêrgàm ab-eo, * neque nocébo in-veritàte mea.

Neque profanábo testamêntum meum, * et-quæ-procédunt de-lábiis meis, non-fàciam írrita.

Semel jurávi in-sancto meo, si-Dàvid méntiar, * Semen ejus in-ætérnùm manébit.

Et-thronus ejus sicut-sol in-conspêctu meo ; * et-sicut luna perfécta in-ætérnum, et-testis in-cœlô fidélis.

Tu-vero repulísti et-dêspexísti, * distulísti Chrîstum tuum.

Evertísti testaméntum sêrvi tui, * profanásti in-terra sanctuárium ejus.

Destruxísti omnes sêpes ejus : * posuísti firmaméntum êjŭs formídinem.

Diripuérunt eum omnes transeúntes viam : * factus-est oppróbrium vicínis suis.

Exaltásti déxteram deprimêntium eum : * lætificásti omnes inimícos ejus.

Avertísti adjutórium glàdïi ejus ; * et-nón-es auxiliátus êì in-bello.

Destruxísti eum ab-emundàtióne, * et-sedem ejus in-terram cóllisísti.

Minorásti dies têmpóris ejus, * perfudísti eum confúsióne.

Usquequo, Dómine, avêrtïs infinem ? * exardéscet sicut ignis ira tua ?

Memóráre quæ-mêă substántia:* Numquid enim vane constituísti omnes fílios hóminum ?

Quís-est homo qui-vivet, et-non-vidèbit mortem ? * éruet ánimam suam de-mânu ínferi ?

Ubi-sunt misericórdiæ tuæ antîquæ, Dómine ? * sicut jurásti David in-veritàte tua ?

Memor esto, Dómine, oppróbrii servôrum tuórum, * quod-contínui in-sinu-meo, multàrum géntium.

Quod-exprobravérunt inimíci túi, Dómine ; * quod-exprobravérunt commutatiónem Chrîsti tui.

Benedíctus Dóminus în-ætérnum : * Fîat, fiat.

Psaume 95.

Cantáte Dómino cântïcum novum : * cantáte Dómino, ômnis terra.

Cantáte Dómino, et-benedícite nômini ejus : * annuntiáte de-die in-diem salutáre ejus.

Annuntiáte inter gentesglôrïam ejus, * in-ómnibus pópulis mirabílïa ejus.

Quóniam magnùs Dóminus, et-laudâbïlis nimïs : * terríbilis-est super ômnes deos.

Quóniam omnes dii géntiûm dæmónia : * Dóminus autem cœlos fecit.

Conféssio et - pulchritúdo inconspêctu ejus : * sanctimónia etmaguificéntia in - sanctificatióne ejus.

Afférte Dómino pátriæ géntium; afférte Dómino glóriam êt-honórem : * afférte Dómino glóriam nômini ejus.

Tóllite hóstias, et-introíte in-âtrïa-ejus : * adoráte Dominum inátrio sânclo ejus.

Commoveátur a-fácie ejus univêrsa terra : * dícite in-géntibus quia Dóminûs regnávit.

Etenim corréxit orbem terræ qui-non-cômmovébitur : * judicábit pópulos in-æquitáte.

Læténtur cœli et-exúltet terra; commoveátur mare et-plenitûdo ejus : * gaudébunt campi, et-ómnia quæ-in-eis-sunt.

Tunc-exultábunt ómnia ligna silvárum a-fácie Dómini, quîa venit; * quoniam venit judicâre terram.

Judicábit orbem terræ in-æquitáte, * et-pópulos in-veritâte sua.

Psaume 97.

Cantáte Dómino cântïcum novum, * quia mirabílïa fecit.

Salvávit sïbi dèxtêra ejus; * et-bráchium sânctum ejus.

Notum fecit Dóminus salutâre suum : * in-conspéctu géntium revelávit justitïam suam.

Recordátus-est misericôrdïæ suæ * et-verilátis suæ dômûi Israel.

Vidérunt omnes têrmïni terræ * salutáre Dêi nostri.

Jubiláte Deo ômnis terra : * cantáte, et-exultâtê et-psállite.

Psállite Dómino in-cíthara, incithara et-vôce psalmi : * in-tubis ductílibus, et-voce tûbæ córneæ.

Jubiláte in-conspéctu rêgis Dómini : * moveátur mare et-plenitúdo ejus; orbis terrárum, et-quihábitânt in-eo.

Flúmina plaudent manu : simul montes exultábunt a-conspêctu Dómini, * quóniam venit judicâre terram.

Judicábit orbem terrárum înjustília, * et-pópulos in-æquitáte.

A LAUDES.

Psaume 92.

Dóminus regnávit, decôrêm indútus-est : * indútus-est Dóminus fortitúdinem, êt-præcínxit-se.

Etenim firmávit ôrbem terræ, * qui-non-cômmovébitur.

Paráta sedes tûa ex-tunc : * a-sêculo tú-es.

Elevavérunt flûmïna, Dómine; * elevavérunt flúmina vôcem suam.

Elevavérunt flûmïna flûctus suos, * a-vócibus aquârûm multárum.

Mirábiles elatiônes maris; * mirábilis in-âltis Dóminus.

Testimónia tua credibília fáctæ-sunt nimis : * domúm tuam decet sanctitúdo, Dómine, in-longitúdi-nêm diérum.

PSAUME 99.

Jubiláte Deo, ómnis terra; * ser-víte Dómino in-lætítia.

Introíte in-conspêctu ejus, * in-exultatióne.

Scitóte quóniam Dóminus ípsé-est Deus; * ipse fecit-nos, êt-non-ipsi-nos.

Pópulus-ejus, êt-oves páscuæ e-jus, * introíte portas ejus in-con-fessióne, átria ejus in-hymnis; confitémini illi.

Laudáte nomen ejus, quóniam suávis-est Dóminus : in-ætérnum misericôrdja ejus, * et-usqùe in-generatiónem et-generatiónem vê-ritas ejus.

Ps. Deus, Deus..., p. 52.

Ps. Deus, misereátur..., p. 53.

CANTIQUE DES TROIS ENFANTS.

Benedícite, ómnia ópera Dômini, Dómino, * laudáte et-super-exaltáte êùm in sécula.

Benedícite, Angeli Dômini, Dó-mino : * benedícite, cœli, Dó-mino.

Benedícite, aquæ omnes quæ super cœlòs-sunt, Dómino : * be-nedícite, omnes virtútes Dômini, Dómino.

Benedícite, sol-et-lùna, Dómi-no : * benedícite, stellæ cœli, Dó-mino.

Benedícite, omnis imber êt-ros, Dómino : * benedícite, omnes spi-ritus Dêi, Dómino.

Benedícite, ignis et-æstus, Dó-mino : * benedícite, frigus et-æs-tus, Dómino.

Benedícite, rores et-pruína, Dó-mino : * benedícite, gelu et-frí-gus, Dómino.

Benedícite, glácies et-níves, Dó-mino : * benedícite, noctes et-dí-es, Dómino.

Benedícite, lux-et-ténèbræ, Dó-mino : * benedícite, fúlgura et-núbes, Dómino.

Benedícat têrra Dóminum : * laudet et-superexáltet êùm in-sé-cula.

Benedícite, montes et - cólles, Dómino : * benedícite, univérsa germinántia in-têrra, Dómino.

Benedícite, fôntes, Dómino : * benedícite, mária et-flúmina, Dó-mino :

Benedícite, cete, et-ómnia quæ-movéntur in-âquis, Dómino : * benedícite, omnes vólucres cœli, Dómino.

Benedícite, omnes béstiæ et-pê-côra, Dómino : * benedícite, filii hôminum, Dómino.

Benedícat Israel Dóminum : * laudet et-superexáltct êùm in-sé-cula.

Benedícite, sacerdótes Dômini, Dómino : * benedícite, servi Dô-mini, Dómino.

Benedícite, spíritus et - ánimæ justórum, Dómino : * benedícite, sancti et-húmiles côrde, Dómino.

Benedícite, Anania, Azaría, Mí-sael, Dómino : * laudáte et-super-exaltáte êùm in-sécula.

Benedicámus Patrem et-Fílium, cum-sàncto Spiritu : * laudémus et - superexaltémus êùm in - sé-cula.

Benedíctus-es, Dómine, in-fir-mamênto cœli : * et-laudábilis, et-gloriósus, et-superexaltátùs in-sécula.

Ps. Laudáte Dóminum..., p. 54.

Ps. Cantáte Dómino..., p. 54.

Ps. Laudáte Dóminum..., p. 54.

FÊTE DE PAQUES.

A MATINES.

PSAUME PREMIER.

Beátus-vir qui-non-ábiit in-consílio impiórum, et-in-via peccatórum non-stetit : * et-in-cáthedra pestiléntiæ non-sedit.

Sed-in-lege Dómini volúntas ejus : * et-in-lege ejus meditábitur diè ac-nocte.

Et-erit tanquam lignum quodplantátum-est secus decúrsùs aquárum : * quod-fructum suum dabit in-témpòre suo.

Et-fólium ejùs non-défluet; * et-ómnia quæcúmque fáciet, prospèrabúntur.

Nón-sic împii, nón-sic : * sed-tanquam pulvis quem - prójicit ventus a-fácie terræ.

Ideo non-resúrgent ímpii în-judício : * neque peccatóres in-concílió justórum.

Quóniam novit Dóminus viàm justórum : * et-iter impiórùm peribit.

Ps. Quare fremuérunt..., *p.* 55.

PSAUME 3.

Dómine, quid - multiplicáti - sunt qui-tribulant-me : * multi insúrgunt advérsum-me.

Multi dicunt ânimæ meæ : * nón-est salus ipsi in-Dêo ejus.

Tu-autem, Dómine, suscêptor meus-es : * glória mea, et-exáltans câput meum.

Voce mea ad-Dóminûm clamávi : * et-exaudívit-me de-monte sâncto suo.

Ego dormívi, et-sôporátus-sum ; * et-exurréxi, quia Dóminùs suscépit-me.

Non-timébo míllia pópuli círcumdántis-me : * exúrge, Dómine ; salvum-me-fac, Dèus meus.

Quóniam tu-percussísti omnes adversántes mihi sine causa ; * dentes peccatórum côntrivísti.

Dómini-est salus ; * et-super pópulum tuum benedîctio tua.

A LAUDES.

Comme à Noël, page 60.

PSAUMES DE LA PÉNITENCE

POUR LE JOUR DE SAINT MARC.

Ps. Dómine, ne in furóre..., p. 47.

PSAUME 31.

Beáti, quorum remíssæ-sunt inîquitátes ; * et-quorum tectasûnt peccáta.

Beátus-vir, cui non-imputávit Dóminùs peccátum, * néc-est in-spíritu ejus dolus.

Quóniam tácui, inveteravérunt ôssa mea, * dum-clamárem tôta die.

Quóniam die ac-nocte graváta-est super-me mânus tua : * convérsus sum in-ærúmnamea, dum-configítur spina.

Delictum meum cógnitum tibi feci : * et-injustítiam meam nôn-abscóndi.

Dixi : Confitébor advérsum-me injustítiam mêam Dómino ; * et-tu-remisísti impietátem peccáti mei.

Pró-hac orábit ád-te ômnis sanctus * in - témpore ôppor-túno.

Verúmtamen in-dilúvio aquárum multárum * ad-eum non-ap-próximábunt.

Tú-es refúgium meum a-tribulatióne, quæ-circûmdedit-me : * exultátio mea, érue-me-a-circum-dántibus-me.

Intelléctum tibi dabo, et-instruam-te in-via-hac qua-grâdiéris: * firmábo super-te ôcùlos meos.

Nolite fieri sicut êquùs et-mulus, * quibus nón-est întelléctus.

In-camo et-frǽno maxíllas eôrùm constrínge, * qui-non-appróxïmant ád-te.

Multa flagélla pêccatóris; * speránlem autem in-Dómino misericórdiâ circúmdabit.

Lætámini in-Dómino, et-exultâte justi; * et-gloriámini omnes rêcti corde.

Psaume 37.

Dómine, ne-in-furóre tuo ârguas-me, * neque in-ira tua corrîpias-me.

Quóniam sagíttæ tuæ infîxæ-sunt mihi: * et-confirmásti super-me mânum tuam.

Nón-est sánitas in-carne mea a-fácie îræ tuæ : * nón-est-pax óssibus mcis a-fácie peccatôrùm meórum.

Quóniam iniquitátes meæ supergréssæ-sunt câput meum, * et-sicut onus grave gravâtæ-sunt super-me.

Putruérunt et-corrúptæ-sunt cicatrîces meæ * a-fácie insipiêntiæ meæ.

Miser factus-sum, et-curvátus-sum ûsquê in-finem : * tota die contristálus ingrêdiébar.

Quóniam lumbi mei impléti-sunt illûsiónibus, * et-nón-est sánitas in-cârne mea.

Afflictus-sum, et-humiliâtùs-sum nimis : * rugiébam a-gémitu côrdis mei.

Dómine, ante-te omne desidêrium meum : * et-gémitus meus á-te nôn-êst abscónditns.

Cor-meum conturbátum-est, derelíquit-me vîrtus mea : * et-

lumen oculórum meórum, et-ipsum nôn-est mecum.

Amíci mei, et- próxîmi mei * advérsum-me appropinquavérunt, êl-stetérunt.

Et-qui juxta-me erant, de-lôngê stetérunt, * et-vim-faciébant qui-quærébant ânîmam meam.

Et-qui-inquirébant mala mihi, locúti-sunt vânitátes, * et-dolos tota die meditábantur.

Ego autem tanquam surdus non-àudiébam, * et-sicut mutus non-apériêns os-suum.

Et-factus-sum sicut hômô non-áudiens, * et-non-habens in-ore suo redargûtiónes.

Quóniam in-te, Dóminê, sperávi : * tu-exáudies-me, Dómine Dêus meus.

Quia dixi: Nequándo super-gáudeant mihi inimîci mei; * et-dum- commovéntur pedes mei, super-me mâgnâ locúti-sunt.

Quóniam ego in-flagêllâ parátus-sum, * et-dolor meus in-conspéctu méo semper.

Quóniam iniquitátem meam annûntiábo, * et-cogitábo propeccálo meo.

Inimíci autem mei vivunt, et-confirmâti-sunt super-me : * et-multiplicáti-sunt qui-odérunt-mê iníque.

Qui-retríbuunt mala pro-bonis, detrahêbant mihi, * quóniam sequébar bônilátem.

Ne-derelínquas-me, Dómine Dêus meus : * ne-discêssêris á-me.

Inténde in-adjutôrium meum : * Dómine Deus salûtis meæ.

Ps. Miserére mei,.., p. 51.

Psaume 101.

Dómine, exáudi oratiônem meam, * et-clamor meus âd-te véniat.

Non-avértas fáciem tûam á-me: *

in-quacúmque die tríbulor, inclína ad-me áurem tuam.

In-quacúmque die invocávero-te, * velócitèr exáudi-me.

Quia defecérunt sicut fumus dies mei, * et-ossa mea, sicut crémium áruérunt.

Percússus-sum ut-fenum, et-áruît cor-meum; * quia oblítus-sum comédere pânem meum.

A-voce gêmitus mei * adhæsit os-meum cârni meæ.

Símilis factus-sum pelicáno sólitúdinis : * factus-sum sicut nycticorax in-dômicílio.

Vigilávi, * et-factus-sum sicut passer solitáriùs in-tecto.

Tota die exprobrábant mihi inimíci mei: * et-qui-laudábant-me, advérsum-mê jurábant.

Quia cínerem tanquam panem mânducábam; * et-potum meum cum-flètù miscébam.

A-fácie iræ 'et-indignatiônis tuæ; * quia élevans âllisisti-mc.

Dies mei sicut umbra declinavérunt: * et-ego sicut fênum árui.

Tu-autem, Dómine, in-ætêrnum pérmanes : * et-memoriále tuum in-generatiónem et-generatiónem.

Tu-exúrgens miserêbèris Sion;* quia vènit tempus.

Quóniam placuérunt servis tuis lápîdes ejus; * et-terræ ejus miserebúntur.

Et-timébunt gentes nomen tûum, Dómine, * et-omnes reges terræ glóriam tuam;

Quia ædificávit Dóminus Sion;* et-vidébitur in-glória sua.

Respéxit in-oratiônèm humílium; * et-non-sprevit prêcèm eórum.

Scribántur-hæc in-generatiône áltera: * et-pópulus qui-creábitur laudábit Dóminum;

Quia prospéxit de-excélso sânc-to suo : * Dóminus de-cœlo in-tèrràm aspéxit :

Ut-audiret gémitus compèditórum; * ut-sólveret filios intèremptórum;

Ut-annúntient in-Sion nômen Dómini, * et-laudem ejus în-Jcrúsalem;

In-conveniéndo pópulôs in-unum, * et-reges, ut-sèrviant Dómino.

Respóndit ei in-via virtûtis suæ: * Paucilátem diérum meórum nûntia mihi.

Ne-révoces-me in-dimídio dièrùm meórum: * in-generatiónem et-generatiónem ânni tui.

Initio-tu, Dómine, têrràm fundásti : * et-ópera mánuum tuârùm sunt-cœli.

Ipsi períbunt, tu-àutem pérmanes; * et-omnes sicut vestiméntum vèteráscent :

Et-sicut opertórium mutábis eos, et-mûtabúntur: * tu-autem idem ipsc-es, et-anni tui nôn-deficient.

Filii servórum tuórum hâbitábunt; * et-semen eórum in-séculum dirigétur.

Ps. De profúndis..., p. 45.

PSAUME 142.

Dómine, exáudi oratiónem meam; áuribus pércipe obsecratiónem meam in-veritâte tua; * exáudi-me in-tûâ justítia:

Et-non-intres in-judícium cum-sèrvo tuo; * quia non-justificábitur in-conspéctu tuo ômnis vivens.

Quia persecútus est inimícus ânimam meam; * humiliávit interra vîtam meam.

Collocávit-me in-obscúris sicut môrtuos séculi : * et-anxiátus-est super-me spíritus meus, ín-me turbátum-èst cor-meum.

Memor fui diérum antiquórum, meditátus-sum in-ómnibus opéribus tuis; * in-factis mánuum tuárum meditábar.

Expándi manus méas ád-te : * ánima mea sicut terra sine áqua tibi.

Velóciter exáudi-me, Dómine: * defécit spíritus meus.

Non-avértas fáciem tûam á-me, * et-símilis ero descendéntibûs in-lacum.

Audítam-fac mihi mane misericôrdiam tuam, * quia în-tè serávi.

Notam-fac mihi vïam în-qua ámbulem, * quia ád-te levávi ânïmam meam.

Erïpe-me de inimícis meis, Dómine; ád-tè confúgi : * doceme fácere voluntátem tuam, quia Deus mêus és-tu.

Spíritus tuus bonus dedúcet-me in-tèrram rectam : * propter nomen tuum, Dómine, vivificábisme in-æquitáte tua.

Edúces de-tribulatióne ânïmam meam, * et-in-misericórdia tua dispérdes inimîcos meos:

Et-perdes omnes qui tríbulant ânïmam meam;*quóniam ego sèrvus tuus-sum.

PSAUMES GRADUELS

QUE L'ON PÉUT DIRE

LE PREMIER JOUR DES ROGATIONS.

Ps. Ad Dóminum..., p. 46.
Ps. Levávi óculos..., p. 46.
Ps. Lætátus sum..., p. 42.

PSAUME 122.

Ad-te levávi ôcùlos meos, * qui-hábitâs in-cœlis.

Ecce sicut óculi servórum * in-mánibus dominôrům suórum :

Sicut óculi ancíllæ in-mánibus dóminæ suæ; * ita óculi nostri ad-Dóminum Deum nostrum, donec misereâtur nostri :

Miserére nostri, Dómine, miserêre nostri : * quia multum repléti sumus despêctióne.

Quia multum repléta-est ânïma nostra; * oppróbrium abundántibus, et-despéctiô supérbis.

PSAUME 123.

Nisi quia Dóminus erat in-nobis, dîcàt-nunc Israel : * nisi quia Dóminus êràt in-nobis,

Cum-exúrgerent hómines ín-nos, * forte vïvos dêglutíssent-nos.

Cum-irascerétur furor eôrum ín-nos, * fórsitan aqua absórbuísset-nos.

Torréntem pertransívit ânïma nostra: * fórsitan pertransísset ánima nostra aquam intôlerábilem.

Benedîctus Dóminus, * qui-non-dedit-nos in-captiónem déntibûs eórum.

Anima nostra sicut pâssèr erépta-est * de-láqueô venántium :

Láqueûs contrítus-est, * et-nos-liberâti sumus.

Adjutórium nostrum in-nômïné Dómini, * qui-fecit cœlùm et-terram.

LE SECOND JOUR DES ROGATIONS.

PSAUME 124.

Qui-confídunt in-Dómino, sîcùt mons-Sion : * non-commovébitur in-ætérnum, qui-hábitat în-Jerúsalem.

Montes in-circúitu ejus : * et-Dóminus in-circúitu pópuli sui, ex-hóc-nunc et-úsquè in-sécu-lum.

6

Quia non-relínquet Dóminus virgam peccatórum super-sôrtèm justórum; * ut-non-exténdant justi ad-iniquitátem mânus suas.

Bénefac, Dômine, bonis * et-rèctis corde.

Declinántes autem in-obliga-tiónes addúcet Dóminus cum-ope-rántibus inîquitátem : * pax-sû-per Israel.

Ps. In convertêndo..., p. 43.
Ps. Nisi Dóminus..., p. 42.
Ps. Beáti omnes..., p. 42.

PSAUME 128.

Sæpe expugnavérunt-me a-juven-tûte mea, * dìcàt-nunc Israel.

Sæpe expugnavérunt-me a-ju-ventûte mea; * étenim non-po-tuêrunt mihi.

Supra dorsum meum fabrica-vérunt pêccatóres; * prolongavé-runt iniquitátem suam.

Dóminus justus concídit cervíces pêccatórum : * confundántur et-convertántur retrórsum omnes qui-odêrunt Sion.

Fiant sicut fênùm tectórum, * quod-priúsquam evellâtùr, ex-áruit.

Dé-quo non-implévit manum sûâm qui-metit; * et-sinum suum qui-manîpùlos cólligit.

Et-non-dixérunt qui-prætéri-bant : Benedíctio Dômini super-vos; * benediximus vobis in-nô-mîne Dómini.

LE TROISIÈME JOUR DES ROGATIONS.

Ps. De profúndis..., p. 45.

PSAUME 130.

Dómine, nón-est exaltâtùm cor-meum : * neque eláti-sunt ôcù-li mei.

Neque ambulâvî in-magnis, * neque in-mirabîlìbus super-me.

Si-non-humíliter sêntiébam; * sed-exaltávi ânimam meam :

Sicut ablactátus est-super mâ-tre sua; * ita retribútio in-ânima mea.

Speret Israêl in-Dómino, * ex-hóc-nunc et-ûsquè in-séculum.

Ps. Meménto, p. 44.

PSAUME 132.

Ecce quam-bonum, et-quàm-jucúndum * habitáre frâtrès in-unum.

Sicut unguêntùm in-cápite, * quod-descéndit in-barbam, bâr-bam Aaron.

Quod-descéndit in-oram vesti-mênti ejus : * sicut ros-Hermon, qui-descéndit in-môntem Sion.

Quóniam illic mandávit Dómi-nus benedîctiónem * et-vitam ûs-què in-séculum.

Ps. Ecce nunc benedícite..., p. 41.

PSAUMES DE LA SEMAINE.

A VÊPRES.

PSAUMES DU LUNDI.

Ps. Diléxi..., p. 46.
Ps. Crédidi..., p. 41,
Ps. Laudáte..., p. 41.
Ps. Ad Dóminum..., 46.
Ps. Levávi..., p. 46.

PSAUMES DU MARDI.

Ps. Lætátus sum..., p. 42.
Ps. Ad te levávi..., p. 65.
Ps. Nisi quia Dóminus..., p. 65.
Ps. Qui confídunt..., p. 65.
Ps. In convertêndo..., p. 43.

PSAUMES DU MERCREDI.

Ps. Nisi Dóminus..., p. 42.
Ps. Beáti omnes..., p. 42.

Ps. Sæpe expugnavérunt..., p. 66.

Ps. De profúndis..., p. 45.

Ps. Dómine, nón est exaltátum.., p. 66.

PSAUMES DU JEUDI.

Ps. Meménto..., p. 44.

Ps. Ecce quam bonum..., p. 66.

PSAUME 134.

Laudáte nômen Dómini, * laudáte, sêrvi, Dóminum,
Qui-statis in-dômo Dómini, * in-átriis domus Dêi nostri.

Laudáte Dóminum, quia bônus Dóminus : * psállite nómini ejus, quóniâm suáve.

Quóniam Jacob elégit sîbi Dóminus, * Israel in-possessiônem sibi.

Quia ego cognóvi quod-mâgnùs-est Dóminus, * et-Deus noster præ-ómnibus diis.

*Omnia quæcúmque vóluit, Dóminus fecit in-cœlo êt-in-terra, * in-mari et-in-ómnibûs abýssis.

Edúcens nubes ab-extrêmo terræ, * fúlgura in-plúvïam fecit.

Qui-prodúcit ventos de-thesáuris suis, * qui-percússit primogénita Ægýpti ab-hómine ûsquè ad-pecus.

Et-misit signa et-prodígia in-médio tûi, Ægýpte, * in-Pharaónem et-in-omnes sêrvos ejus.

Qui-percússit gêntes multas, * et-occidit rêges fortes.

Sehon regem Amorrhæórum, ét-Og rêgem Basan, * et-ómnia rêgna Chánaan.

Et-dedit terram eórum hæreditátem, * hæreditátem Israel pôpùlo suo.

Dómine, nomen tuum în-ætérnum : * Dómine, memoriále tuum in-generatiónem et-generâtiónem.

Quia judicábit Dóminus pôpù-

lum suum, * et-in-servis suis dêprecábitur.

Simulácra géntium argêntûm et-aurum, * ópera mânùum hóminum.

Os-habent, et-nôn-loquéntur : * óculos habent, et-nôn-vidébunt.

Aures habent, êt-non-áudient ; * neque enim-est spíritus in-ôrè ipsórum.

Símiles illis fiant qui-fâcïunt ea : * et-omnes qui-confîdùnt in-eis.

Domus Israel, benedícîte Dómino : * domus Aaron, benedícîte Dómino.

Domus Levi, benedícîte Dómino : * qui-timétis Dóminum, be-nedícîte Dómino.

Benedíctus Dóminûs ex-Sion, * qui-hábitat în-Jerúsalem.

PSAUME 135.

Confitémini Dómino quóniam bonus : * quóniam in-ætérnum misericórdïa ejus.

Confitémini Dêô deórum : * quóniam in-ætérnum misericór-dïa ejus.

Confitémini Dómino dóminórum : * quóniam in-ætérnum mi-sericôrdïa ejus.

Qui-facit mirabília mâgna solus : * quóniam in-ætérnum misericórdïa ejus.

Qui-fecit cœlos in-întelléctu : * quóniam in-ætérnum misericór-dïa ejus.

Qui-firmávit terram sûper aquas : * quóniam in-ætérnum misericórdïa ejus.

Qui-fecit luminâria magna : * quóniam in-ætérnum misericôr-dïa ejus.

Solem in-potestâtêm diéi : * quóniam in-ætérnum misericórdïa ejus.

Lunam et-stellas in-potestâ-

tem noctis : * quóniam in-ætérnum misericórdïa ejus.

Qui-percússit Ægýptum cum-
primogénitïs eórum : * quóniam
in-ætérnum misericórdïa ejus.

Qui-edúxit Israel de-médiô
eórum : * quóniam in-ætérnum
misericórdïa ejus.

In-manu poténti, et-bráchiô
excélso : * quóniam in-ætérnum
misericórdïa ejus.

Qui-divísit mare rubrum in-di-
vîsiónes : * quóniam in-ætérnum
misericórdïa ejus.

Et-edúxit Israel per-mêdïum
ejus : * quóniam in-ætérnum misericórdïa ejus.

Et-excússit Pharaónem et-virtútem ejus in-mâri rubro : * quóniam in-ætérnum misericórdïa
ejus.

Qui-tradúxit pópulum suum
pêr-desértum ; * quóniam in-
ætérnum misericórdïa ejus.

Qui-percússit rêges magnos : *
quóniam in-ætérnum misericórdïa
ejus.

Et-occídit rêges fortes ; * quóniam in-ætérnum misericórdïa
ejus.

Sehon regem Amórrhæórum : *
quóniam in-ætérnum misericórdïa
ejus.

Et-Og rêgem Basan : * quóniam
in-ætérnum misericórdïa ejus.

Et-dedit terram eórum hærê-
ditátem : * quóniam in-ætérnum
misericórdïa ejus.

Hæreditátem Israel sêrvo suo : *
quóniam in-ætérnum misericórdïa
ejus.

Quia in-humilitáte nostra memor fûit nostri ; * quóniam in-
ætérnum misericórdïa ejus.

Et-redémit-nos ab-inimîcis
nostris : * quóniam in-ætérnum
misericórdïa ejus.

Qui-dat escam ômni carni, *

quóniam in-ætérnum misericórdïa
ejus.

Confitémini Dêo cœli : * quóniam in-ætérnum misericórdïa
ejus.

Confitémini Dómino dôminó-
rum, * quóniam in-ætérnum misericórdïa ejus.

PSAUME 136.

Super flúmina Babylónis, illic
sédimûs et-flévimus , * cum-
recordarêmur Sion.

In-salícibus in-mêdïo ejus , *
suspéndimus órgàna nostra.

Quia illic interrogavérunt-nos,
qui-captîvôs duxérunt-nos, * verba cântiónum.

Et-qui-âbduxérunt-nos : * Hymnum cantáte nobis de-cânticis
Sion.

Quómodo cantábimus cânticum
Dómini * in-terra âliéna ?

Si-oblítus fúero tûï, Jerúsalem, *
oblivióni detur dêxtêra mea,

Adhæreat lingua mea fâucïbus
meis, * si-non-memînéro tui :

Si-non-proposúerô Jerúsalem *
in-princípio lætîtïæ meæ.

Memor esto, Dómine, filiôrum
Edom, * in-dïê Jerúsalem ;

Qui-dicunt : Exinaníte, exîna-
níte * usque ad-fundamêntùm
in-ea.

Fília Babylônis mísera : * beátus qui-retríbuet tibi retributió-
nem tuam, quam-retribuîsti nobis.

Beátus quî-tenébit, * et-allídet
párvulos tûôs ad-petram.

PSAUME 139.

Eripe-me, Dómine, ab-hômïne
malo ; * a-viro iniquo êripe-
me.

Qui-cogitavérunt iniquitâtês in-corde : * tota die constituébant prælia.

Acuérunt linguas suas sîcùt serpéntis : * venénum áspidum sub-lâbiîs eórum.

Custódi-me, Dómine, de-manu pêccatóris : * et-ab-homínibus iníquis êripe-me.

Qui-cogitavérunt supplantáre grêssus meos : * abscondérunt supérbi lâquêum mihi.

Et-funes extendêrŭnt in-lâque-um : * juxta iter scándalum po-suêrunt mihi.

Dixi Dómino : Deus mêus és-tu ; * exáudi, Dómine, vocem deprecatiônis meæ.

Dómine, Dómine, virtus salûtis meæ, * obumbrásti super caput meum in-dîe belli,

Ne-tradas-me, Dómine, à-desi-dério meo pêccatóri : * cogitavé-runt contra-me ; ne-derelinquas-me, ne-forte êxalténtur.

Caput circúitûs eórum : * labor labiórum ipsórum opêrïet eos.

Cadent super eos carbónes, in-ignem dejîcïes eos : * in-misériis nôn-subsistent.

Vir-linguósus non-dirigêtŭr in-terra : * virum injústum mala cápient în-intéritu.

Cognóvi quia fáciet Dóminus judîcium ínopis, * et-vindîctam páuperum.

Verúmtamen justi confitebúntur nômïni tuo ; * et-habitábunt recti cum-vûltu tuo.

PSAUME 140.

Dómine, clamávi âd-tê, exáudi-me : * inténde voci meæ cum-clamâvêro ád-te.

Dirigátur orátio mea sicut incénsum in-conspêctu tuo : * ele-vátio mánuum meárum sacrifí-cium vêspertínum.

Pone, Dómine, custódiam ôri

meo, * et-óstium circumstántiæ lâbïis meis.

Non-declínes cor-meum in-vêr-bà malítiæ * ad-excusándas excu-satiónes în-peccátis ;

Cum-homínibus operántibus inîquitátem : * et-non-communi-cábo cum-eléctïs eórum.

Corrípiet-me justus in-miseri-córdia, et-încrepábit-me : * óleum autem peccatóris non-impínguet câput meum.

Quóniam adhuc et-orátio mea in-beneplácitîs eórum ; * absórp-ti-sunt juncti petræ júdicês eó-rum.

Audient verba mea, quóniam pôtuérunt : * sicut crassitúdo terræ erúpta-est sûper terram,

Dissipáta-sunt ossa nostra sê-cûs inférnum : * quia ád-te, Dó-mine, Dómine, óculi mei : ín-te sperávi, non-áuferas ânïmam meam.

Custódi-me a-láqueo, quem-statuérunt mihi, * et-a-scándalis operántium inîquitátem.

Cadent in-retiáculo ejus pêcca-tóres : * singuláriter-sum ego dônec tránseam.

PSAUME 141.

Voce mea ad-Dóminûm clamávi, * voce mea ad-Dóminum dê-precátus-sum.

Effúndo in-conspéctu ejus ora-tiônem meam ; * et-tribulatiónem meam ante îpsûm pronúntio.

In-deficiéndo éx-me spîrïtum meum ; * et-tu-cognovísti sêmïtas meas.

In-via-hac qua-âmbulábam, * abscondérunt lâquêum mihi.

Considerábam ad-déxteram, êt-vidébam : * et-non-erat qui-cognôsceret-me.

Périit fûga á-me, * et-nón-est qui-requírat ânïmam meam.

Clamávi âd-te, Dómine ; * dixi :

6.

Tú-es spes-mea, pórtio mea in-têrrã vivéntium.

Inténde ad-deprecatiónem meam, * quia humiliâtũs-sum nimis.

Libera-me a-persequêntibusme, * quia confortâtĩ-sunt superme.

Educ de-custódia ánimam meam, ad-confiténdum nômĩni tuo : * me expéctant justi, donec retríbũas mihi.

PSAUMES DU SAMEDI.

Psaume 143.

B enedíctus Dóminus Deus meus, qui-docet manus mêãs adprǽlium, * et-dígitos mêôs adbellum.

Misericórdia mea et-refũgĩum meum; * suscéptor meus et-liberâtor meus.

Protéctor meus, et-in-ĩpsô sperávi, * qui-subdit pópulum mêum súb-me.

Dómine, quíd-est homo, quia innotuîsti ei? * aut-fílius hóminis, quia rêpũtas eum?

Homo vanitáti simĩlis factusest; * dies ejus sicut ũmbrã prǽtéreunt.

Dómine, inclina cœlos tuos êt-descénde, * tange montes, etfũmigábunt.

Fúlgura coruscatiónem, etdissipâbis eos, * emítte sagíttas tuas, et-conturbâbis eos.

Emítte manum tuam de-alto, éripe-me; et-líbera-me de-âquis multis, * de-manu filiórum alîenórum.

Quorum-os locútum-est vânitátem; * et-déxtera eórum, déxtera inĩquitátis.

Deus, cánticum novum cantábo tibi, * in-psaltério decachórdo psâllam tibi,

Quí-das salũtem régibus; * qui-redemísti David servum tuum degládio maligno; êripe-me.

Et-érue-me de-manu filiórum alienórum, quorum-os locútumest vânitátem; * et-déxtera eórum, déxtera inĩquitátis;

Quorum fílii, sicut novéllæ plantâtiónes * in-juventũte sua.

Fíliæ eórũm compósitæ, * circumornátæ ut-similitũdo templi.

Promptuária eórum plena, * eructántia êx-hôc in-illud.

Oves eórum fœtósæ, abundántes in-egrêssĩbus suis; * boves eórum crassæ.

Nón-est ruína macériæ, nêque tránsitus, * neque clamor in-plâteîs eórum.

Beátum dixérunt pópulum cũi hǽc-sunt, * beátus pópulus, cujus Dóminus Dêus ejus.

Psaume 144.

E xaltábo-te, Dêus meus-rex; * et-benedícam nómini tuo in-séculum, et-in-sêcũlum séculi.

Per-síngulos dies benedîcam tibi: * et-laudábo nomen tuum in-séculum, et-in-sêcũlum séculi.

Magnus Dóminus et laudâbĩlis nimis, * et-magnitúdinis ejus nôn-est finis.

Generátio et-generátio laudábit ôpêra tua, * et-poténtiam tuam pronũntiábunt.

Magnificéntiam glóriæ sanctitátis tũæ loquéntur, * et-mirabília tũâ narrábunt.

Et-virtútem terribílium tuórum dicent, * et-magnitúdinem tũâm narrábunt.

Memóriam abundántiæ suavitátis tuæ êructábunt; * et-justitia tua êxultábunt.

Miserátor et-misêrĩcors Dóminus : * pátiens et-mũltũm miséricors.

Suávis Dóminus ûnivérsis, * et-miseratiónes ejus super ómnia ôpêra ejus.

Confiteántur tibi, Dómine, ómnia ôpêra tua; * et-sancti tui benedîcant tibi.

Glóriam regni tûi dicent; * et-poténtiam tûâm loquéntur.

Ut-notam fáciant filiis hóminum potêntîam tuam, * et-glóriam magnificéntiæ rêgni tui.

Regnum tuum, regnum ómnium sêculôrum; * et-dominátio tua in-omni generatióne, et-generâtiónem.

Fidélis Dóminus in-ómnibus vêrbis suis; * et-sanctus in-ómnibus opêrîbus suis.

Allevat Dóminus ômnês qui-córruunt; * et-érigit ômnês eli-sos.

Oculi ómnium in-te spêrant, Dómine; * et-tú-das escam illórum in-témpore ôpportúno.

Aperis-tu mânum tuam; * et-imples omne ánimal benedictióne.

Justus Dóminus in-ómnibus viis suis ; * et-sanctus in-ómnibus opêrîbus suis.

Prope-est Dóminus ómnibus in-vocântibus eum, * ómnibus invo-cántibus eum in-vêritátc.

Voluntátem timéntiûm-se fá-ciet, * et-deprecatiónem eórum exáudiet, et-salvos fâciet eos.

Custódit Dóminus omnes dîli-gentes-se ; * et-omnes peccatôrês dispérdet.

Laudatiónem Dómini loquêtûr os-meum, * et-benedícat omnis caro nómini sancto ejus in-sécu-lum, et-in-sêcûlum séculi.

PSAUME 145.

Lauda, ánima mea, Dóminum : laudábo Dóminum in-vîta mea,* psallam Deo meo quâmdîu fúero.

Nolíte confídere in-princípibus,* in-fíliis hóminum, in-quibus nôn-est salus.

Exíbit spíritus ejus, et-rever-télur in-têrram suam : * in-illa die períbunt omnes cogitatiônês eórum.

Beátus, cujus Deus Jacob adjú-tor ejus , spes-ejus in-Dómino Dêô ipsíus; * qui-fecit cœlum et-ter-ram, mare, et-ómnia quæ-in-eis-sunt.

Qui-custódit veritátem in-sécu-lum, facit judícium injúriam pâtiéntibus; * dat-escam esúrién-tibus.

Dóminus solvit cômpedítos, * Dominus illûmìnat cæcos.

Dóminus érigît elísos, * Domi-nus dílïgit justos.

Dóminus custódit ádvenas , pu-píllum et-vídùâm suscípiet; * et-vias peccatôrùm dispérdet.

Regnábit Dóminus in-sécula; Deus tûus Sion, * in-generatió-nem et-generâtiónem.

PSAUME 146.

Laudáte Dóminum, quóniam bônùs-est psalmus: * Deo nos-tro sit-jucúnda decóraquê laudá-tio.

Ædíficans Jerûsálem Dóminus :* dispersiónes Israélis côngregábit.

Qui-sanat contrítos corde * et-álligat contritiônês eórum.

Qui-númerat multitúdinêm stel-lárum, * et-ómnibus eis nômìna vocat.

Magnus Dóminus noster, et-magna vîrtus ejus : * et-sapiéntiæ ejus nôn-est númerus.

Suscípiens mansuêtos Dómi-nus : * humílians autem pecca-tóres ûsquê ad-terram.

Præcínite Dómino in-confês-sióne : * psállite Deo nôstrô in-cíthara.

Qui-óperit cœlum núbibus, * et-parat térræ plúviam.

Qui-prodúcit in-móntibus fe-num, * et-herbam servitúti hómi-num.

Quí-dat juméntis êscǎm ipsó-rum, * et-pullis corvórum invo-cântibus eum.

Non-in-fortitúdine equi voluntâ-têm habébit ; * nec-in-tíbiis viri beneplácitum êrit ei.

Beneplácitum-est Dómino super timêntes eum, * et-in-eis qui-sperant super misericôrdia ejus.

Ps. Lauda, Jerúsalem, *p.* 42.

II. Vêpres de l'Oraison ; de la Lance et des Clous de N-S. J-C. ; des Sept Douleurs de la Sainte Vierge.— *Ps. du Dimanche ; p.* 38. *Au lieu du* 5e, Cré-didi..., *p.* 41.

I. et II Vêpres de la Commém. de la Passion ; des Cinq Plaies de N-S. J-C.; — *Ps.* Crédidi..., *p.* 41 ; Ad Dómi-num..., *p.* 46 ; Eripe me..., *p.* 68 ; Dó-mine, clamávi..., *p.* 69 ; Voce mea..., *p.* 69.

II. Vêpres du S. Suaire de N-S. J-C. — *Ps. du Dimanche ; au lieu du* 5e, Voce mea..., *p.* 69.

II. Vêpres du Précieux Sang de N-S. J-C. — *Ps. du Dimanche ; au lieu du* 5e, Lauda, Jerúsalem..., *p.* 42.

AUTRES PSAUMES
POUR DIVERSES CIRCONSTANCES.

Psaume 19.

Exáudiat-te Dóminus in-die tri-bulâtiónis ; * prótegat-te nomen Dèi Jacob.

Mittat tibi auxílium de-sanc-to, * et-de-Sion tûeátur-te.

Memor-sit omnis sacrifícii tui,* et-holocáustum tuum pîngue fiat.

Tríbuat tibi secúndǔm cor-tuum, * et-omne consílium tûǔm confírmet.

Lætábimur in-salutâri tuo : * et-in--nómine Dei nostri magnîfi-cábimur.

Impleat Dóminus omnes peti-tiónes tuas : * nunc-cognóvi quó-niam salvum fecit Dóminus chrîstum suum.

Exáudiet illum de-cœlo sáncto suo : * in-potentátibus salus dêx-têræ ejus.

Hi-in-cúrribus, êt-hi in-equis : * nos-autem in-nómine Dómini Dei nostri învocábimus.

Ipsi obligáti-sunt, et-cêcidé-runt : * nos-autem surréximus et-erêcti sumus.

Dómine, sâlvǔm-fac regem : * et-exáudi-nos in-die, qua-invo-cavêrimus-te.

PSAUME 83.

Quam-dilécta tabernácula tua, Dóminê virtútum !* concupís-cit et-déficit ánima mea in-âtria Dómini.

Cor-meum et-câro mea * exul-tavérunt in-Dêum vivum.

Etenim passer invénit sîbi do-mum, * et-turtur nidum sibi, ubi ponat pûllos suos.

Altária tua, Dóminê virtútum,* Rex-meus, et-Dêus meus.

Beáti qui-hábitant in-domo tûa, Dómine : * in-sécula seculôrùm laudábunt-te.

Beátus-vir, cujus-est auxílium ábs-te : * ascensiónes in-corde suo dispósuit, in-valle lacrymá-rum, in-lôcô quem-pósuit.

Etenim benedictiónem dabit legislátor, ibunt de-virtúte în-virtútem : * vidébitur Deus deó-rǔm in-Sion.

Dómine Deus virtútum, exáudi oratiônem meam : * áuribus pércipe, Dèus Jacob.

Protéctor noster âspìce, Deus :* et-réspice in-fáciem Christi tui.

Quia mélior-est dies una in-âtriis tui * súper míllia.

Elégi abjéctus esse in-domo Dêi mei, * magis quam-habitáre intabernáculis pêccatórum.

Quia misericórdiam et-veritátem dîligit Deus : * grátiam et-glóriam dâbit Dóminus.

Non-privábit bonis eos qui-âmbulant in-înnocéntia : * Dómine virtútum, beátus homo qui-spêrat ín-te.

Psaume 15.

Consérva-me, Dómine, quóniam speràvi ín-te. * Dixi Dómino : Deus meus és-tu, quóniam bonórum meôrùm non-eges.

Sanctis, qui-sunt ìn-têrra ejus,* mirificávit omnes voluntàtes mêàs in-eis.

Multiplicátæ-sunt infirmitátês eórum : * póstea accelêravérunt.

Non-congregábo conventícula eórum dê-sanguínibus : * nec-memor ero nóminum eórum perlâbìa mea.

Dóminus pars-hæreditátis meæ et-câlicis mei : * tú-es qui-restitues hæreditátem mêam mihi.

Funes cecidérunt mihi ìn-præcláris : * étenim hæréditas mea præclârà-est mihi.

Benedícam Dóminum qui-tribuit mihi întelléctum : * ínsuper et-usque ad-noctem increpuérunt-merênes mei.

Providébam Dóminum in-conspéctu mêo semper : * quóniam a-dextrìs-est mihi, nê-commóvear.

Propter-hoc lætátum-est cor-meum, et-exultávit lîngua mea : * ínsuper et-caro mea requiêscet ín-spe.

Quóniam non-derelínques ánimam meam în-inférno : * nec-dabis sanctum tuum vidére corrûptiónem.

Notas mihi fecísti vias vitæ, adimplébis-me lætítia cum-vûltu tuo : * delectatiónes in-déxtera tua ûsquê in-fínem.

Psaume 23.

Dómini-est terra, et-plenitûdo ejus : * orbis terrárum, et-univérsi qui-habitânt in-eo.

Quia ipse super mária fundâvit eum, * et-super flúmina præparâvit eum.

Quis-ascéndet in-môntem Dómini ? * aut-quis-stabit in-loco sâncto ejus ?

Innocens mánibus et-mûndo corde ; * qui-non-accépit in-vano ánimam suam, nec-juràvit in-dolo próxĭmo suo.

Hic-accípiet benedictiônèm a-Dómino, * et-misericórdiam a-Deo salutâri suo.

Hæc-est generátio quærêntium eum, * quæréntium fáciem Dêi Jacob.

Attóllite portas, principés, vestras ; et-elevámini, portæ æternáles : * et-introîbit rex-glóriæ.

Quís-est îstĕ-rex glóriæ ? * Dóminus fortis et-potens, Dóminus pótêns in-prǽlio.

Attóllite portas, príncipes, vestras ; et-elevámini, portæ æternales : * et-introîbit rex-glóriæ.

Quís-est îstĕ-rex glóriæ ? * Dóminus virtútum ipse-êst rex-glóriæ.

ARTICLE TROISIÈME. — DU CHANT MÉTRIQUE.

Le chant métrique est celui qui procède comme la Musique par mesures et temps égaux.

Dans ce chant on observe la valeur relative des notes. La Note à queue ( ) vaut pour le temps deux Carrées ( ) ; la Carrée, deux Rhomboïdes ( ) ; la Rhomboïde, deux Losanges ( ). Le point (.) augmente la note qui précède de la moitié de sa valeur.

Les Hymnes et les Proses qui offrent une quantité poétique ou prosaïque régulière peuvent admettre un chant métrique : sinon, on doit les chanter en pur plain-chant, sans mesure ni cadence, comme on fait pour les Antiennes, les Proses *Victimœ*, *Lauda Sion*, *Stabat Mater*, *Dies irœ*, etc.

PARAGRAPHE Ier — DU CHANT DES HYMNES.

Avant Urbain VIII presque toutes les hymnes n'étaient composées que de vers prosaïques irréguliers, et ces hymnes ne pouvaient se chanter qu'en plain-chant. Mais depuis que ce pontife a corrigé ces hymnes, les a rappelées à une meilleure forme, à une véritable mesure poétique ; un chant analogue, en rapport avec la quantité, paraît désormais plus convenable. En effet qui ne voit qu'on ne doit pas chanter de la poésie comme de la prose ? c'est donc concourir au but de cette réforme que d'offrir ici pour exemples un certain nombre d'hymnes notées en mesure conformément à chaque espèce de Rhythmes en usage dans l'Église. Il existe, il est vrai, quelques hymnes en plain-chant d'une gravité remarquable et dont l'effet est majestueux. On peut les conserver. Si ces hymnes n'ont pas le mérite d'un beau chant poétique, musical ; elles ont celui d'un beau chant prosaïque, d'un beau plain-chant : ce qui est toujours précieux.

La mesure à deux temps est celle qui convient généralement au chant des hymnes, et si elle n'est pas toujours rigoureusement en rapport avec la quantité poétique, il suffit qu'elle soit en rapport avec la quantité prosaïque. La mesure à trois temps, dite cadencée, *cantus vibratus*, est souvent en défaut, et doit être réprouvée, à cause des fautes de quantité qui en résultent, comme les suivantes :

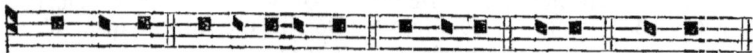

Cur-ván-tur : im-mo-la-tó-rum : nas-cén-tes : ár-mis : præs-ta.

Dans l'exécution de ces chants, on devra toujours observer un mouvement grave et lent, qui convient généralement au chant de l'Église.

Tous les chants d'hymnes, qui conviennent au même rhythme, sont ici réunis sous le même numéro, pour faciliter la recherche et le choix de céux auxquels on voudrait adapter toute hymne du même rhythme respectif.

1° Hymnes dont les strophes sont composées de quatre petits vers iambiques.

HYMNES DES VÊPRES DU DIMANCHE PENDANT L'ANNÉE.

No 1. Du 8.

Lu-cis Cre- á-tor óp- ti- me, Lu-cem di- é-rum pró- fe-rens' Pri-mór-di- is lu- cis no- væ Mun- di pa-rans o-ri- gi- nem ;

Qui mane junctum vésperi
Diem vocári præcipis;
Illábitur tetrum chaos,
Audi preces cum flétibus.

Ne mens graváta crímine,
Vitæ sit exul múnere,
Dum nil perénne cógitat,
Seséque culpis illigat.

Cœléste pulset óstium,
Vitale tollat præmium,
Vitémus omne nóxium,
Purgémus omne péssimum.

Præsta, Pater piíssime,
Patrique compar Unice,
Cum Spíritu Paráclito
Regnans per omne séculum.

HYMNE DES COMPLIES.

No 2. Du 4.

Te lu- cis an- te tér- mi-num, Re-rum Cre- á- tor, pós- ci- mus, Ut pro tu- a cle- mén- ti- a Sis præ-sul et cus- tó- di- a.

Procul recédant sómnia,
Et nóctium phantásmata,
Hostémque nostrum cómprime,
Ne polluántur córpora.

Præsta, Pater piíssime,
Patrique compar Unice
Cum Spíritu Paráclito,
Regnans per omne séculum.

Autre Doxologie pour le temps de Noël, les Fêtes du S. Nom de Jésus, du S. Sacrement, et de la Ste Vierge.

Jesu, tibi sit glória,
Qui natus es de Vírgine,

Cum Patre' (*) et almo Spíritu,
In sempitérna sécula.

Doxologie pour l'Épiphanie.

Jesu, tibi sit glória,
Qui' apparuísti géntibus,

Cum Patre' et almo Spíritu,
In sempitérna sécula.

Doxologie pour le Temps Pascal.

Deo Patri sit glória,
Et Fílio qui' a mórtuis

Surréxit, ac Paráclito,
In sempitérna sécula.

Doxologie pour l'Ascension.

Jesu, tibi sit glória,
Qui victor in cœlum redis,

Cum Patre' et almo Spíritu,
In sempitérna sécula.

Doxologie pour la Transfiguration.

Jesu, tibi sit glória,
Qui te revélas párvulis,

Cum Patre' et almo Spíritu,
In sempitérna sécula.

Doxologie pour Notre-Dame des Sept Douleurs.

Jesu, tibi sit glória,
Qui passus es pro sérvulis,

Cum Patre' et almo Spíritu,
In sempitérna sécula. Amen.

(*) Les élisions ou les lettres qui ne doivent pas se prononcer, dans le chant, sont en caractères italiques suivis d'une apostrophe (')'. Il y a élision quand, dans le même vers, un mot finissant par une voyelle ou la lettre *m*, est suivi d'un autre mot commençant par une voyelle ou la lettre *h*.

Les vers n'ont pas toujours le même nombre de syllabes. Quelquefois des spondées ou des iambes qui sont des pieds de deux syllabes, sont remplacés par des anapestes, des dactyles ou des tribraches qui sont des pieds de trois syllabes. Dans ce cas, on devra adapter sur ces trois syllabes, le chant qui doit avoir lieu sur les deux syllabes qu'elles remplacent, et réciproquement, sans préjudice des autres pieds qui doivent conserver leur chant propre. L'hymne des Vêpres du vendredi, par exemple, commence par *Hominis*, qui est un anapeste. Ce mot se chantera comme les deux premières syllabes de l'hymne du lundi notée ci-dessous; et ainsi des autres.

EXEMPLE :

Hó- mi- nis su- pér- ne...   Im- mén- se cœ- li...

HYMNE DES VÊPRES DU LUNDI.

No 3.
Du 1.

Im-mén-se cœ-li Cón-di- tor, Qui mix-ta ne con-fún-de-

rent, A-quæ flu-én-ta di- vi-dens, Cœ-lum de- dís-ti lí-mi-tem.

HYMNE DES VÊPRES DE L'AVENT.

No 4.
Du 4.

Cre-á- tor al-me si- de-rum, Æ-tér-na lux cre- dén-ti-

um, Je-su Re-démp-tor óm-ni- um, In-tén-de vo-tis súp-pli-cum.

Qui, dæmonis ne fráudibus
Períret orbis, ímpetu
Amóris actus, lánguidi
Mundi medéla factus es.

Commúne qui mundi nefas
Ut expiáres, ad crucem,
E Virginis sacrário,
Intácta prodis víctima.

Cujus potéstas glóriæ,
Noménque cum primum sonat,

Et cœlites et ínferi
Treménte curvántur genu.

Te deprecámur últimæ
Magnum diéi Júdicem;
Armis supérnæ grátiæ,
Defénde nos ab hóstibus.

Virtus, honor, laus, glória
Deo Patri cum Fílio,
Sancto simul Paráclito,
In seculórum sécula. Amen.

HYMNE DES COMPLIES.

No 5.
Du 6.

Te lu-cis an-te tér-mi-num, Re-rum Cre- á-tor, pós-ci-

mus, Ut pro tu- a cle-mén-ti- a, Sis præ-sul et cus-tó-di- a.

HYMNE DES VÊPRES ET DES MATINES DE NOEL.

No 6.
Du 1.

Je-su Re-démp-tor óm-ni- um, Quem lu-cis an-te'o- ri- gi-

nem Pa-rem pa-tér-næ gló-ri- æ Pa-ter su- pré-mus é- di- dit.

7

Tu lumen et splendor Patris,
Tu spes perénnis ómnium,
Inténde quas fundunt preces
Tui per orbem sérvuli.

Meménto, rerum Cónditor,
Nostri quod olim córporis,
Sacráta ab alvo Vírginis
Nascéndo, formam súmpseris.

Testátur hoc præsens dies,
Currens per anni circulum,
Quod solus e sinu Patris
Mundi salus advéneris.

Hunc astra, tellus, æquora,
Hunc omne quod cœlo subest,
Salútis Auctórem novæ
Novo salútat cántico.

Et nos, beáta quos sacri
Rigávit unda sánguinis,
Natális ob diem tui
Hymni tribútum sólvimus.

Jesu, tibi sit glória,
Qui natus es de Vírgine,
Cum Patre' et almo Spíritu,
In sempitérna sécula. Amen.

HYMNE DES LAUDES DE NOEL.

No 7.
Du 2.

A so-lis or-tus cár-di-ne Ad us-que ter-ræ lí-mi-tem, Chris-tum ca-ná-mus prin-ci-pem, Na-tum Ma-rí-a

6e strophe, 8e vers.

Vir-gi-ne. Et lac-te mó-di-co pas-tus est...

Beátus Auctór séculi
Servíle corpus índuit;
Ut carne carnem líberans,
Ne pérderet quos cóndidit.

Castæ Paréntis víscera
Cœléstis intrat grátia;
Venter Puéllæ bajulat
Secréta quæ non nóverat.

Domus pudíci péctoris
Templum repénte fit Dei:
Intácta, nésciens virum,
Concépit alvo Filium.

Enítitur puérpera
Quem Gábriel prædíxerat,

Quem ventre Matris géstiens
Baptista clausum sénserat.

Fœno jacére pértulit;
Præsépe non abhórruit;
Et lacte módico pastus est
Per quem nec ales ésurit.

Gaudet chorus cœléstium,
Et Angeli canunt Deo;
Palámque fit pastóribus
Pastor, Creátor ómnium.

Jesu, tibi sit glória,
Qui natus es de Vírgine,
Cum Patre' et almo Spíritu,
In sempitérna sécula. Amen.

HYMNE DES VÊPRES DES SS. INNOCENTS.

28 DÉCEMBRE.

Salvéte, flores... *Cette Hymne se chante comme le no 6.*

HYMNE DES VÊPRES DE L'ÉPIPHANIE.

N° 8.
Du 3.

Cru-dé-lis He-ró- des, De- um Re-gem ve- ni- re quid ti- mes? Non é- ri- pit mor-tá- li- a, Qui re-gna dat cœ- lés- ti- a.

Ibant Magi, quam viderant,
Stellam sequéntes præviam:
Lumen requirunt lúmine:
Deum faténtur múnere.

Lavácra puri gúrgitis
Cœléstis Agnus áttigit;
Peccáta, quæ non détulit,
Nos abluéndo, sústulit.

Novum genus poténtiæ,
Aquæ rúbéscunt hýdriæ,
Vinúmque jussa fúndere,
Mutávit unda' originem.

Jesu, tibi sit glória,
Qui' apparuisti géntibus,
Cum Patre' et almo Spíritu,
In sempitérna sécula. Amen.

HYMNE DES VÊPRES DU S. NOM DE JÉSUS.

N° 9.
Du 2.

(*)

Je- su, dul-cis me- mó-ri- a, Dans ve- ra cor-di gán-di- a; Sed su-per mel et óm-ni- a E- jus dul-cis præ- sén- ti- a.

Nil cánitur suávius,
Nil auditur jucúndius,
Nil cogitátur dúlcius,
Quam Jesus Dei Filius.

Jesu, spes pœniténtibus,
Quam pius es peténtibus!
Quam bonus te quæréntibus!
Sed quid inveniéntibus?

Nec lingua valet dícere,
Nec littera exprímere:
Expértus potest crédere
Quid sit Jesum diligere.

Sis, Jesu, nostrum gáudium,
Qui es futúrus præmium:
Sit nostra in te glória,
Per cuncta semper sécula.

(*) Cette hymne et les autres du même office, si suaves d'expression, ne sont pas composées d'après les règles de la prosodie: la 3e syllabe des vers y est souvent longue; et pour cela elles doivent être notées avec une mesure grave et lente comme en plain-chant. On fera de même pour l'hymne des Laudes du Saint-Sacrement, Verbum supernum.

HYMNE DES VÊPRES DU CARÊME.

Nº 10.
Du 2.

Au-di, be- ni-gne Cón-di- tor, Nos- tras pre-

ces cum flé- ti- bus, In hoc sa- cro je- jú- ni- o.

Fu- sas qua- dra-ge- ná- ri- o.

Scrutátor alme córdium,
Infirma tú scis vírium :
Ad te revérsis éxhibe
Remissiónis grátiam.

Multum quidem peccávimus,
Sed parce confiténtibus :
Ad nóminis laudem tui
Confer medélam lánguidis.

Concéde nostrum cónteri
Corpus per abstinéntiam,
Culpæ' ut relinquant pábulum
Jejúna corda criminum.

Præstá, beáta Trínitas,
Concéde, simplex Unitas,
Ut fructuósa sint tuis
Jejuniórum múnera. Amen.

HYMNE DES COMPLIES.

Nº 11.
Du 2.

Te lu-cis an-te tér-mi- num, Re-rum Cre- á-tor,

pós-ci- mus, Ut pro tu- a cle- mén-ti- a Sis præ-sul

et cus- tó- di- a.

AUTRE CHANT DE LA MÊME HYMNE.

Nº 12.
Du 3.

Te lu-cis an-te tér-mi- num, Re-rum Cre- á-tor,

pós-ci- mus, Ut pro tu- a cle- mén-ti- a Sis præ-sul

et cus- tó- di- a.

HYMNE DES VÊPRES DE LA PASSION.

No 13.
Du 1.

Ve-xil-la Re-gis pró-de-unt : Ful-get Cru-cis mys-

té-ri-um, Qua vi-ta mor-tem pér-tu-lit, Et mor-te

2e strophe, 2e vers.

vi-tam pró-tu-lit. Pré-ti-um pe-

Quæ vulneráta lánceæ
Mucróne diro, criminum
Ut nos laváret sórdibus,
Manávit unda' et sánguine.

Impléta sunt quæ cóncinit
David fidéli cármine,
Dicéndo natiónibus :
Regnávit a ligno Deus.

Arbor decóra' et fúlgida,
Ornáta Regis púrpura,
Elécta digno stipite
Tam sancta membra tángere.

Beáta cujus bráchiis
Prétium pepéndit séculi,
Statéra facta córporis,
Tulítque prædam tártari.

O Crux, ave, spes única,
Hoc Passiónis témpore,
Piis adáuge grátiam,
Reisque dele crimina.

Te, fons salútis Trínitas,
Colláudet omnis spiritus :
Quibus Crucis victóriam
Largíris, adde præmium. Amen.

Pendant le Temps Pascal.

O Crux, ave, spes única,
Paschále quæ fers gáudium...

Pendant l'année.

O Crux, ave, spes única,
In hac triúmphi glória...

HYMNE DE LA SAINTE COURONNE D'ÉPINES.

Exite, Sion filiæ... *Cette hymne se chante comme le no 13.*

HYMNE DES VÊPRES DU TEMPS PASCAL.

No 14.
Du 4.

Ad ré-gi-as A-gni da-pes, Sto-lis a-míc-ti

cán-di-dis, Post trán-si-tum ma-ris ru-bri, Chris-to ca-

ná-mus Prín-ci-pi.

7.

Divina cujus cháritas
Sacrum propínat sánguinem,
Almíque membra córporis
Amor sacerdos immolat.

Sparsum cruórem póstibus
Vastátor horret Angelus;
Fugítque divisum mare,
Mergúntur hostes flúctibus.

Jam Pascha nostrum Christus est,
Paschális idem Víctima,
Et pura puris méntibus
Sinceritátis ázyma.

O vera cœli Víctima,
Subjécta cui sunt tártara,

Solúta mortis víncula,
Recépta vitæ præmia.

Victor, subáctis inferis,
Trophæa Christus éxplicat,
Cœlóque' apérto súbditum
Regem tenebrárum trahit.

Ut sis perénne méntibus
Paschále, Jesu, gáudium,
A morte dira criminum
Vitæ renátos libera.

Deo Patri sit glória,
Et Filio, qui' a mórtuis
Surréxit, ac Paráclito,
In sempitérna sécula. Amen.

HYMNE DES COMPLIES.

N° 15.
Du 8.

Te lu-cis án-te tér-mi-num, Re-rum Cre-á-tor,
pós-ci-mus, Ut pro tu-a cle-mén-ti-a Sis præ-sul
et cus-tó-di-a.

HYMNE DES VÊPRES DE L'ASCENSION.

N° 16.
Du 4.

Sa-lú-tis hu-má-næ Sa-tor, Je-su, vo-lúp-tas
cór-di-um, Or-bis re-démp-ti Cón-di-tor, Et cas-ta
lux a-mán-ti-um.

Qua victus es cleméntia,
Ut nostra ferres crímina?
Mortem subíres ínnocens,
A morte nos ut tólleres?

Perrúmpis inférnum chaos,
Vinctis caténas détrahis;
Victor triúmpho nóbili
Ad déxteram Patris sedes.

Te cogat indulgéntia,
Ut damna nostra sárcias,
Tuíque vultus cómpotes
Dites beáto lúmine.

Tú dux ad astra' et sémita,
Sis meta nostris córdibus,
Sis lacrymárum gáudium,
Sis dulce vitæ præmium. Amen.

HYMNE DES VÊPRES DE LA PENTECÔTE.

N° 17.
Du 8.

Ve- ni, Cre- à- tor Spí- ri- tus, Men- tes tu- ó- rum

ví- si- ta, Im-ple su- pér- na grá- ti- a, Quæ tu cre- ás- ti

3e *strophe.*

péc- to- ra. Di- gi- tus pa- tér- næ...

CHANT DES STROPHES PAIRES, A VOLONTÉ.

N° 18.
Du 6.

Qui dí- ce- ris Pa- rá- cli- tus, Al- tís- si- mi, do-num De-

i, Fons vi-vus, i-gnis, chá- ri- tas, Et spi- ri- tá-lis únc- ti- o.

Tu septifórmis múnere,
Dígitus patérnæ déxteræ;
Tu rite promíssum Patris,
Sermóne ditans gúttura.

Accénde lumen sénsibus,
Infúnde' amórem córdibus,
Infirma nostri córporis
Virtúte firmans pérpeti.

Hostem repéllas lóngius,
Pacémque dones prótinus;

Ductóre sic te prævio,
Vitémus omne nóxium.

Pér te sciámus da Patrem,
Noscámus atque Fílium,
Teque' utriúsque Spíritum
Credámus omni témpore.

Deo Patri sit glória,
Et Fílio, qui' a mórtuis
Surréxit, ac Paráclito,
In seculórum sécula. Amen.

Hors le Temps Pascal, on dit la Doxologie suivante:

Deo Patri sit glória,
Ejúsque soli Fílio,

Cum Spíritu paráclito
Nunc et per omne séculum.

HYMNE DES COMPLIES.

N° 19.
Du 1.

Te lu-cis ân-te tér-mi-num, Re-rum Cre- á- tor, pós-ci-mus,

Ut pro tu- a cle- mén-ti- a Sis præ-sul et cus- tó- di- a.

HYMNE DES VÊPRES DE LA TRINITÉ, ET DU SAMEDI.

N° 20.
Du 8.

Jam sol re- cé- dit í- gne- us ; Tu lux pe- rén-nis

U- ni- tas, Nos-tris, be- á- ta Tri-ni- tas, In-fún-'de' a-

mó-rem cór-di- bus.

Te mane laudum cármine,
Te deprecámur véspere;
Dignéris ut te súpplices
Laudémus inter Cœlites.

Patri, simúlque Fílio,
Tibíque, sancte Spíritus,
Sicut fuit, sit júgiter
Seclum per omne glória. Amen.

HYMNE DES COMPLIES.

N° 21.
Du 2.

Te lu-cis an-te tér-mi- num, Re-rum Cre- á- tor,

pós-ci- mus, Ut pro tu- a cle- mén- ti- a Sis præ-sul

et cus- tó- di- a.

HYMNE DES LAUDES DU SAINT-SACREMENT.

N° 22.
Du 6.

Ver-bum su-pér- num pró- di- ens, Nec Pa-tris lin-

quens déx- te- ram, Ad o- pus su- um éx- i- ens, Ve-

nit ad vi- tæ vés-pe- ram.

In mortem a discípulo
Suis tradéndus æmulis,

Prius in vitæ férculo
Se trádidit discipulis.

Quibus sub bina spécie
Carnem dedit et sánguinem,
Ut dúplicis substántiæ
Totum cibáret hóminem.

Se nascens dedit sócium,
Convéscens in edúlium,
Se móriens in prétium,
Se regnans dat in præmium.

O salutáris Hóstia,
Quæ cœli pandis óstium !
Bella premunt hostilia,
Da robur, fer auxílium.

Uni Trinóque Dómino
Sit sempitérna glória,
Qui vitam sine término
Nobis donet in pátria. Amen.

HYMNE DES COMPLIES.

No 25.
Du 2.

Te lu-cis an-te tér-mi-num, Re-rum Cre- á- tor,

pós-ci-mus, Ut pro tu- a cle-mén-ti- a Sis præ-sul

et cus- tó- di- a.

HYMNE DES VÊPRES DU SACRÉ-COEUR DE JÉSUS.

N° 24.
Du 4.

Auc-tor be- á-te sé-cu- li, Chris-te Re- démp-tor

óm-ni- um, Lu-men Pa- tris de lú-mi- ne, De- ús-que

ve-rus de De- o.

Amor coégit te tuus
Mortale corpus súmere,
Ut novus Adam rédderes
Quod vetus ille' abstúlerat.

Ille' amor almus ártifex
Terræ, marisque', et síderum,
Erráta patrum míserans,
Et nostra rumpens vincula.

Non corde discédat tuo
Vis illa' amóris ínclyti :

Hoc fonte gentes háuriant
Remissiónis grátiam.

Percússum' ád hoc est láncea,
Passúmque' ád hoc est vúlnera,
Ut nos'laváret sórdibus,
Unda fluénte' et sánguine.

Decus Parénti', et Fílio,
Sanctóque sit Spirítui,
Quibus potéstas, glória,
Regnúmque' in omne' est séculum.

HYMNE DES COMPLIES.

N° 25.
Du 6.

Te lu-cis an-te tér-mi- num, Re-rum Cre- á-tor

pós-ci- mus, Ut pro tu- a cle-mén- ti- a Sis præ-sul

et cus- tó- di- a.

HYMNE DES VÊPRES DE SAINT MICHEL,
8 MAI OU 29 SEPTEMBRE.

N° 26.
Du 8.

Te, splen-dor et vir- tus Pa- tris, Te, vi-ta, Je- su,

cór-di- um, Ab o- re qui pen- dent tu- o, Lau-dá-mus

in- ter An-ge- los.

2e *strophe*, 1er *vers*. 4e *vers*.

Ti-bi mil-le... Mí-cha- el sa-

Tibi mille densa millium	Contra ducem supérbiæ,
Ducum coróna militat :	Sequámur nunc nos Príncipem,
Sed éxplicat victor crucem	Ut detur ex Agni throno
Michael salútis signifer.	Nobis coróna glóriæ.
Dracónis hic dirum caput	Patri, simúlque Filio,
In ima pellit tártara,	Tibíque, sancte Spiritus,
Ducémque cum rebéllibus	Sicut fuit, sit júgiter
Cœlésti' ab arce fúlminat.	Seclum per omne glória. Amen.

HYMNE DE SAINT VENANT.
18 MAI.

Martyr Dei... *Cette Hymne se chante comme le n° 23.*

HYMNE DE SAINTE JULIENNE.
19 JUIN.

Cœléstis Agni... *Cette Hymne se chante comme le n° 26.*

HYMNE DE SAINTE MADELEINE.

22 JUILLET.

N° 27.
Du 6.

Pa-ter su-pér-ni lú-mi-nis, Cum Mag-da-lé-nam

rés-pi-cis, Flam-mas a-mó-ris éx-ci-tas, Ge-lú-que

sol-vis péc-to-ris.

HYMNE DE LA TRANSFIGURATION.

N° 28.
Du 6.

Qui-cúm-que Chris-tum quæ-ri-tis, O-cu-los in

al-tum tól-li-te : Il-lic li-cé-bit ví-se-re Si-gnum pe-

rén-nis gló-ri-æ.

2e *str.* 2e *v.* Quod nés-ci-at fi-   3e *str.* 2e *v.* Po-pu-li-que
5e *str.* 2e *v.* Qui te re-vé-las   4e *str.* 2e *v.* I-is-dém-que

HYMNE DE SAINTE THÉRÈSE.

N° 29.
Du 6.

Re-gis su-pér-ni nún-ti-a, Do-mum pa-tér-nam

dé-se-ris, Ter-ris, The-ré-sa, bár-ba-ris Chris-tum da-

tú-ra' aut sán-gui-nem.

HYMNE DES I. VÊPRES DE SAINT JEAN DE KENTI.

20 OCTOBRE.

Gentis Polónæ... *Cette Hymne se chante comme le n° 26.*

HYMNE DES II. VÊPRES.

Te deprecánte... *Cette Hymne se chante comme le n° 29.*

HYMNE DES VÊPRES DE LA TOUSSAINT.

N° 30.
Du 5.

Pla-cá-re, Chris-te, sér-vu- lis, Qui-bus Pa-

tris cle- méu-ti- am Tu- œ' ad tri- bú- nal grá- ti- æ

Pa- tró- na Vir- go pós-tu- lat.

Et vos beáta per novem
Distíncta gyros ágmina;
Antiqua cum præséntibus,
Futúra damna péllite.

Apóstoli cum Vátibus,
Apud sevérum Júdicem,
Veris reórum flétibus
Expóscite' indulgéntiam.

Vos purpuráti Mártyres,
Vos candidáti præmio
Confessiónis, éxules
Vocáte nos in pátriam.

Choréa casta Vírginum,
Et quos erémus íncolas
Transmísit astris, Cœlitum
Locáte nos in sédibus.

Auférte gentem pérfidam
Credéntium de fínibus;
Ut unus omnes únicum
Ovíle nos Pastor regat.

Deo Patri sit glória,
Natóque Patris único,
Sancto simul Paráclito,
In sempitérna sécula. Amen.

HYMNE DES VÊPRES DU COMMUN DES APÔTRES.

N° 31.
Du 1.

Ex- úl-tet or-bis gáu- di- is; Cœ- lum re- súl- tet

láu-di-bus : A-pos-to- ló- rum gló- ri- am Tel-lus et as-tra

cón- ci- nunt.

Vos seculórum júdices,
Et vera mundi lúmina,
Votis precámur córdium,
Audíte voces súpplicum.

Qui templa cœli cláuditis,
Serásque verbo sólvitis,
Nos a reátu nóxios
Solvi jubéte, quæsumus.

Præcépta quorum prótinus
Languor salúsque séntiunt,
Sanáte mentes lánguidas,
Augéte nos virtútibus.

Ut, cum redibit Arbiter
In fine Christus séculi,

Nos sempitérni gáudii
Concédat esse cómpotes.

Patri, simúlque Filio,
Tibique, sancte Spíritus,
Sicut fuit, sit júgiter
Seclum per omne glória. Amen.

HYMNE DES VÊPRES DES APÔTRES, AU TEMPS PASCAL.

N° 32.
Du 5.

Tris-tes e-rant A-pós-to-li De Chris-ti a-
cér-bo fú-ne-re, Quem mor-te cru-de-lis-si-ma Ser-vi ne-

2e str. 2e v.   4e str. 1er v.

cá-rant ím-pi-i. Mu-li-é-ri-... Ga-li-læ᷉æ' ad...

Sermóne verax Angelus
Muliéribus prædíxerat:
Mox ore Christus gáudium
Gregi feret fidélium.

Ad ánxiòs Apóstolos
Currunt statim dum núntiæ,
Illæ micántis óbvia
Christi tenent vestígia.

Galilǽæ' ad alta móntium
Se cónferunt Apóstoli,

Jesúque, voti cómpotes,
Almo beántur lúmine.

Ut sis perénne méntibus
Paschále, Jesu, gáudium,
A morte dira criminum
Vitæ renátos líbera.

Deo Patri sit glória,
Et Filio, qui' a mórtuis
Surréxit, ac Paráclito,
In sempitérna sécula. Amen.

HYMNE DES VÊPRES D'UN SEUL MARTYR.

N° 33.
Du 6.

De-us, tu-ó-rum mi-li-tum Sors, et co-ró-na,
præ-mi-um, Lau-des ca-nén-tes Már-ty-ris Ab-sól-ve ne-xu
cri-mi-nis.

Hic nempe mundi gáudia,
Et blanda fraudum pábula,
Imbúta felle députans,
Pervénit ad cœléstia.

Pœnas cucúrrit fórtiter,
Et sústulit viríliter,
Fundénsque pró te sanguinem,
Ætérna dona póssidet.

8

Ob hoc precátu súpplici
Te póscimus, piissimé,
In hoc triúmpho Mártyris,
Dimitte noxam sérvulis.

Laus et perénnis glória
Patri sit atque Fílio,
Sancto simul Paráclito,
In sempitérna sécula. Amen.

HYMNE DES VÊPRES DE PLUSIEURS MARTYRS, AU TEMPS PASCAL.

Rex glorióse... *Cette Hymne se chante comme le n° 26.*

HYMNE DES VÊPRES DES SAINTES VIERGES.

N° 34.
Du 8.

Je-su, co- ró- na Vír- gi- num, Quem ma-ter il-la cón-ci- pit, Quæ so-la vir-go pár- tu- rit, Hæc vo-ta cle-mens ác- ci- pe.

Qui pergis inter lília,
Septus choréis Virginum,
Sponsus decórus glória,
Sponsisque reddens præmia.

Te deprecámur súpplices,
Nostris ut addas sénsibus
Nescíre prorsus ómnia
Corruptiónis vúlnera.

Quocúmque tendis, Virgines
Sequúntur, atque láudibus
Póst te canéntes cúrsitant,
Hymnósque dulces pérsonant.

Virtus, honor, laus, glória
Deo Patri cum Fílio,
Sancto simul Paráclito,
In seculórum sécula. Amen.

HYMNE DES VÊPRES DES SAINTES FEMMES.

N° 35.
Du 6.

For-tem vi- rí- li péc-to- re Lau-dé-mus om-nes Fé-mi- nam, Quæ sanc-ti- tá- tis gló- ri- a U- bí-que ful-get ín- cly- ta.

Hæc sancto' amóre sáucia,
Dum mundi' amórem nóxium
Horréscit, ad coeléstia
Iter perégit árduum.

Carnem domans jejúniis,
Dulcíque mentem pábulo
Oratiónis nútriens,
Coeli potítur gáudiis.

Rex Christe, virtus fórtium,
Qui magna solus éfficis,
Hujus precátu, quæsumus,
Audi benignus súpplices.

Deo Patri sit glória,
Ejúsque soli Fílio
Cum Spíritu paráclito,
Nunc et per omne séculum.

2° Hymnes dont les strophes sont composées de trois vers Saphiques et d'un Adonique.

HYMNE DES VÊPRES DE SAINT JEAN-BAPTISTE.

24 JUIN.

N° 36.
Du 2.

Ut que-ant la-xis re- so-ná-re fi-bris Mi-ra ges-

tó-rum fá- mu- li tu- ó-rum, Sol-ve pol-lú- ti lá- bi-i re-

á- tum, Sanc-te Jo- án- nes.

HYMNE DES VÊPRES DES CONFESSEURS.

N° 37.
Du 5.

Is- te Con- fés- sor Dó- mi- ni, co- lén- tes

Quem pi- e lau- dant pó- pu- li per or- bem,

Hac di- e læ-tus mé- ru- it be- á- tas Scán-de- re se- des.

(*) *Si ce n'est pas le jour de la mort :* su-pré-mos Lau-dis ho- nó- res.

Qui pius, prudens, húmilis, pu-
[dicus,
Sóbriam duxit sine labe vitam,
Donec humános animávit auræ
Spíritus artus.

Cujus ob præstans méritum fre-
[quénter,
Ægraquæpassimjacuéremembra,
Viribus morbi dómitis, salúti
Restituúntur.

(*) *Si la fête est transférée au lendemain du jour de la mort du S. Confesseur avec I. Vêpres la veille, au moins à partir du Capitule ; on dit : beátas Scándere sedes : de même les jours suivants, s'il y a octave.*

Noster hinc illi chorus obsequéntem
Cóncinit laudem, celebrésque pal-
[mas;
Ut piis ejus précibus juvémur
Omne per ævum.

Sit salus illi, decus atque virtus,
Qui super cœli sólio corúscans,
Totius mundi sériem gubérnat
Trinus et unus.
Amen.

AUTRE CHANT DE LA MÊME HYMNE.

N° 38.
Du 2.

Is- te Con- fés- sor Dó- mi- ni, co- lén- tes

Quem pi- e lau- dant pó- pu- li per or- bem

Hac di- e læ- tus mé- ru- it be- á- tas Scán- de- re se- des.
Si ce n'est pas le jour de la mort : su- pré- mos Lau- dis ho- nó- res.

AUTRE CHANT DE LA MÊME HYMNE.

N° 39.
Du 6.

Is- te Con- fés- sor Dó- mi- ni, co- lén- tes

Quem pi- e lau- dant pó- pu- li per or- bem,

Hac di- e læ- tus mé- ru- it be- á- tas Scán- de- re se- des.
Si ce n'est pas le jour de la mort : su- pré- mos Lau- dis ho- nó- res.

AUTRE CHANT DE LA MÊME HYMNE.

N° 40.
Du 5.

Is- te Con- fés- sor Dó- mi- ni, co- lén- tes

Quem pi- e lau- dant pó- pu- li per or- bem,

Hac di- e læ- tus mé- ru- it su- pré- mos Lau- dis ho-
Si c'est le jour de la mort : be- á- tas Scán- de- re

nó- res ; Lau- dis ho- nó- res ; Lau-dis ho- nó-res.
se- des ; Scán-de- re se- des ; Scán-de- re se-des.

AUTRE CHANT DE LA MÊME HYMNE.

No 41.
Du 1.

Is-te Con- fés-sor Dó-mi-ni, co-lén-tes Quem pi-e

lau- dant pó- pu- li per or- bem, Hac di- e læ- tus

mé-ru-it su- pré-mos Lau-dis ho- nó-res.
be- á- tas Scán-de- re se-des.

AUTRE CHANT DE LA MÊME HYMNE.

No 42.
Du 6.

Is-te Con-fés-sor Dó-mi-ni, co- lén-tes Quem pi-e

lau- dant pó- pu- li per or- bem, Hac di- e læ- tus

mé-ru-it su- pré-mos Lau-dis ho- nó-res.
be- á- tas Scán-de- re se-des.

HYMNE DES VÊPRES DE NOTRE-DAME AUXILIATRICE.

24 MAI.

No 43.
Du 5.

Sæ- pe dum Chris- ti pó-pu- lus cru-én-tis

Hos-tis in- fén-si pre-me-ré-tur ar-mis, Ve-nit ad- jú-trix

pi- a Vir-go cœ-lo Lap-sa se- ré-no.

8.

HYMNE DES II. VÊPRES DE SAINT VINCENT DE PAUL.
19 JUILLET.

Nᵒ 44.
Du 6.

Quis no-vus cœ-lis â- gi-tur tri-úm- phus?

Cœ-li-tum plau-sum co- mi-tén-tur hym-ni : Ec-ce lux cle-ri,

pa-ter in-di-gén-tum, Æ-the-re splen-det.

HYMNE DES VÊPRES DE L'ORAISON DE N-S.

Nᵒ 45.
Du 6.

As-pi-ce' ut Ver-bum Pa-tris a su- pér-nis Sé-di-bus,

cle-mens et a-mó-re fla-grans, Pér-di-tis cul-pa gé-ni-tis me-

dè- ri Per-git A- dâ-mi.

HYMNE DES VÊPRES DU SAINT SUAIRE DE N-S.

Nᵒ 46.
Du 5.

Gló-ri-am sa-cræ ce-le-bré-mus om-nes Sín-do-nis :

læ-tis re-co-lá-mus hym-nis Et pi- is vo-tis mo-nu-mén-ta

nos-træ Cer-ta sa- lú-tis.

3ᵒ. Hymnes dont les strophes sont composées de trois vers Asclépiades et d'un Glyconique.

HYMNE DES VÊPRES DE SAINT JOSEPH.
19 MARS.

Nᵒ 47.
Du 1.

Te, Jo-seph, cé-le-brent âg-mi-na Cœ- li-tum,

Te cunc-ti ré- so-nent Chris-ti-a- dum chó-ri, Qui cla-rus

mé-ri-tis, junc-tus es ín-cly-tæ Cas-to fœ-de-re Vír-gi- ni.

Almo cum túmidam gérmine cón-
[jugem
Admírans, dúbio tángeris anxius,
Afflátu súperi Fláminis Angelus
Concéptum Púerum docet.

Tu natum Dóminum stringis, ad
[éxteras
Ægýpti prófugum tu séqueris
[plagas,
Amíssum sólymis quæris, et in-
[venis,
Miscens gáudia flétibus.

Post mortem réliquos mors pia
[cónsecrat,
Palmámque' eméritos glória sús-
[cipit;
Tu vivens, Súperis par, frúeris
[Deo,
Mira sorte beátior.

Nobis, summa Trias, parce pre-
[cántibus,
Da Joseph méritis sidera scándere;
Ut tandem liceat nos tibi pérpetim
Gratum prómere cánticum. Am.

HYMNE DU SAINT-SACREMENT, A MATINES.

N° 48.
Du 2.

Sa- cris so- lém- ni- is Junc-ta sint gáu- di- a;

Et ex præ-cór-di- is So-nent præ- có- ni- a : Re-cé-dant vé-te-ra,

No-va sint óm-ni- a, Cor-da, vo- ces et ó- pe- ra.

Noctis recólitur Cœna novíssima,
Qua Christus créditur Agnum et
[ázyma
Dedísse frátribus Juxta legítima
Priscis indúlta pátribus.

Post agnum týpicum, Explétis
[épulis,
Corpus Dominicum Datum disci-
[pulis,
Sic totum ómnibus, Quod totum
Ejus fatémur mánibus.[singulis,

Dedit fragílibus Córporis férculum,
Dedit et tristibus Sánguinis pó-
[culum,
Dicens: Accípite Quod trado vás-
Omnes ex eo bíbite. [culum;

Sic sacrificium Istud instítuit,
Cujus officium Commítti vóluit
Solis presbýteris, Quibus sic cón-
[gruit;
Ut sumant et dent cǽteris.

[num;
Panis Angélicus Fit panis hómi-
Dat panis cœlicus Figúris térmi-
[num :
O res mirábilis! Mandúcat Dómi-
Pauper, servus et húmilis. [num

Te, trina Déitas Unaque, póscimus;
Sic nos tu vísita, Sicut te cólimus;
Per tuas sémitas Dúc nos quo tén-
[dimus,
Ad lucem quam inhábitas. Am.

AUTRE CHANT DE LA MÊME HYMNE.

Nº 49.
Du 1.

Pa- nis an- gé- li- cus Fit pa- nis hó- mi- num,

Dat pa-nis cœ- li-cus Fi-gú-ris tér-mi-num : O res mi-

rà-bi-lis ! Man-dú- cat Dó-mi-num Pau- per, ser- vus et

hú-mi- lis. A- men, a- men, a- men.

HYMNE DES VÊPRES DE LA LANCE ET DES CLOUS DE N-S.

Quænam lingua... *Cette Hymne se chante comme le nº 47.*

HYMNE DES VÊPRES DE LA COMM. DE LA PASSION DE N-S.

Mœréntes óculi... *Cette Hymne se chante comme le nº 48.*

HYMNE DES VÊPRES DU TRÈS-PRÉCIEUX SANG DE N-S.

Festívis résonent... *Cette Hymne se chante comme le nº 49.*

HYMNE DES 1. VÊPRES DE SAINT VINCENT DE PAUL.

Nº 50.
Du 6.

Qui mu-tá- re so-let grán-di-bus in- fi-ma, Om-nes ex-

ú- pe-rans má- xi- mus óm- ni- um, Vín- cén- ti, té- nu-em

te De-us éx-tu-lit, cœ-li cœ-ti-bus ín- fe- rens.

HYMNE DES VÊPRES DE PLUSIEURS MARTYRS.

Nº 51.
Du 2.

Sanc-tó-rum mé- ri-tis ín-cly-ta gáu- di- a Pan-gá-mus,

só- ci -i, gés- ta- que fór- ti- a : Glis- cens fert á- ni- mus

pró- me- re cán- ti- bus Vic- tó- rum ge-nus óp- ti- mum.

Hí sunt, quos fátue mundus ab-[hórruit:
Hunc fructu vácuum, flóribus ári-[dum
Contempsére tui nóminis ásseclæ,
Jesu Rex bone Cœlitum.

Hi pró te fúrias, atque minas truces
Calcárunt hóminũ, sævaque vérbera:
His cessit lácerans fórtiter úngula,
Nec carpsit penetrália.

Cædúntur gládiis more bidéntiũ :
Non murmur résonat, non que-[rimónia;

Sed corde' impávido mens bene
Consérvat patiéntiam. [cónscia
Quæ vox, quæ póterit lingua re-[téxere,
Quæ tu Martýribus múnera præ-[paras?
Rubri nam flúido sánguine fúlgidis
Cingunt témpora láureis.

Te, summa' o Déitas únaque, pós-[cimus,
Ut culpas ábigas, nóxia súbtrahas,
Des pacem fámulis, ut tibi glóriam
Annórum' in sériem canant. Amen.

HYMNE DES I. VÊPRES DE L'INVENTION DE S. FIRMIN.

Obscúros ténebris... *Cette Hymne se chante comme le nº 49.*

HYMNE DES II. VÊPRES.

Urnam depósiti... *Cette hymne se chante comme le nº 47.*

4º. Hymnes dont les strophes sont composées de deux vers Asclépiades, d'un Phérécratien et d'un Glyconique.

HYMNE DES VÊPRES DE SAINT HERMÉNÉGILDE.

13 AVRIL.

Nº 52.
Du 6.

Re- gá-li só- li- o for-tis I- bé- ri- æ, Her-me-ne-gíl-

de, ju-bar, gló- ri- a Már-ty- rum, Chris-ti quos a- mor

al-mis Cœ-li có-ti-bus in- se-rit.

5⁰. Hymnes dont les strophes sont composées de trois grands vers Trochaïques.

HYMNE DES VÊPRES DE N-D. DES SEPT—DOULEURS.

Nº 53.
Du 4.

O quot un-dis la-cry- mà-rum, Quo do- lò-re vòl-vi- tur, Luc-tu- ó-sa de cru- én-to Dum re- vúl-sum stí-pi- te, Cer-nit ul-nis in- cu- bán-tem Vir-go ma-ter Fi- li- um !

Os suáve, mite pectus,
   Et latus dulcíssimum,
Dextérámque vulnerátam,
   Et sinistram sáuciam,
Et rubras cruóre plantas
   Ægra tingit lácrymis.

Centiésque milliésque
   Stringit arctis néxibus
Pectus illud et lacértos,
   Illa figit vúlnera;
Sicque tota colliquéscit
   In dolóris ósculis.

Eia, Mater, obsecrámus
   Per tuas has lácrymas,
Filiíque triste funus,
   Vulnerúmque púrpuram,
Hunc tui cordis dolórem
   Conde nostris córdibus.

Esto Patri, Filióque,
   Et coævo Flámini,
Esto summæ Trinitáti
   Sempitérna glória,
Et perénnis laus honórque,
   Hoc et omni século. Amen.

HYMNE DES VÊPRES DU SAINT—SACREMENT.

Nº 54.
Du 5.

Pan- ge, lin-gua, glo-ri- ó- si Cór-po- ris mys- té- ri-um, San-gui- nís-que pre-ti- ó- sì, Quem in mun-di pré- ti- um Fruc-tus ven-tris ge-ne- ró-si Rex ef- fú-dit

3ᵉ strophe, 2ᵉ v.

gén-ti- um. Re-cúm- bens.

Nobis datus, nobis natus
  Ex intácta Virgine,
Et in mundo conversátus,
  Sparso verbi sémine,
Sui moras incolátus
  Miro clausit órdine.

In suprémæ nocte cœnæ,
  Recúmbens cum frátribus,
Observáta lege plene
  Cibis in legálibus,
Cibum turbæ duodénæ
  Sé dat suis mánibus.

Verbum caro, panem verum
  Verbo carnem éfficit,
Fitque sanguis Christi merum;

Et si sensus déficit,
  Ad firmándum cor sincérum,
  Sola fides súfficit.

Tantum ergo Sacraméntum
  Venerémur cérnui;
Et antíquum documéntum
  Novo cedat rítui:
Præstet fides suppleméntum
  Sénsuum deféctúi.

Genitóri Genitóque
  Laus et jubilátio,
Salus, honor, virtus quoque
  Sit et benedíctio;
Procedénti ab utróque
  Compar sit laudátio. Amen.

AUTRE CHANT DE LA MÊME HYMNE.

N° 55.
Du 5.

Tan-tum er-go Sa-cra-mén-tum Ve-ne-ré-mur cér-nu-i, Et an-ti-quum do-cu-mén-tum No-vo ce-dat rí-tu-i: Præs-tet fi-des sup-ple-mén-tum sén-su-um de-féc-tu-i.

AUTRE CHANT DE LA MÊME HYMNE.

N° 56.
Du 6.

Tan-tum er-go sa-cra-mén-tum ve-ne-ré-mur cér-nu-i; Et an-tí-quum do-cu-mén-tum No-vo ce-dat rí-tu-i: Præs-tet fi-des sup-ple-mén-tum sén-su-um de-féc-tu-i.

AUTRE CHANT DE LA MÊME HYMNE.

N° 57.
Du 6.

Pan-ge, lin-gua, glo-ri- ó-si Cór-po- ris mys-té-ri-

um, San-gui-nis-que pre-ti- ó- si, Quem in mun-di pré-ti-

um Fruc-tus ven-tris ge-ne- ró-si Rex ef- fú-dit gèn-ti- um.

AUTRE CHANT DE LA MÊME HYMNE.

N° 58.
Du 5.

Tan-tum er- go Sa- cra-mén-tum Ve- ne- ré-mur

cér- nu- i : Et an- ti- quum do- cu- mén-tum No-vo

ce-dat rí- tu- i ; Præs-tet fi- des sup-ple-mén-tum, Præs-tet

fi-des sup-ple- mén-tum Sén- su- um de- féc-tu- i.

AUTRE CHANT DE LA MÊME HYMNE.

N° 59.
Du 4.

Pan-ge, lin-gua, glo-ri- ó- si, Cór-po- ris mys-té-ri-

um, San-gui- nis-que pre-ti- ó- si Quem in mun-di pré- ti-

um Fruc-tus ven-tris ge-ne- ró-si Rex ef-fú-dit gèn-ti- um.

AUTRE CHANT DE LA MÊME HYMNE.

N° 60.
Du 5.

Tan-tum er- go Sa- cra- mén-tum Ve-ne- ré-mur

cér-nu- i ; Et an- ti-quum do-cu-mén-tum No-vo ce-dat

ri- tu- i : Præs-tet fi- des sup-ple-mén-tum Sén-su- um de-

féc- tu- i.

HYMNE DES VÊPRES DES CINQ PLAIES DE N. S.

Pange, lingua,... láuream... *Cette Hymne se chante comme le n° 53.*

6°. Hymnes dont les strophes sont composées de deux vers Alcaïques, d'un Iambique archiloquien et d'un Dactylique trochaïque.

HYMNE DE L'ASCENSION.

N° 61.
Du 6.

Pro-mís-sa, Tel-lus, cón-ci-pe gáu-di- a ; Te faus-ta

cœ-lo con-cí-li- at di- es : De-us mi- ná-ces po-net i-

ras : Sanc-ta tu- us Me- di- á-tor in- trat.

HYMNE DES VÊPRES DE SAINT FIRMIN.
25 SEPTEMBRE.

N° 62.
Du 5.

Ur-bem, pa- rén-tes, se quo-que dé-se-rit Fir-mí-nus ;

ut quo non si-ne Spi- ri-tus Cœ-lés-tis af- flá- tu vo-cá-

tur, Ap-pró-pe- ret gè-ne- ró-sus e- xul.

9

Andes, Agénnæ, Bellóvaci moras
Christi nequibunt néctere míliti,
Huc tendit ardens, nec cru-
[éntos
Mille timet moritúrus enses.

Audíre vocem jam vídeor tuam,
Facúnde præco ; dum lóqueris, fides
Victrix in altum pectus intrat,
Et vítium procul ire cogit.

Hinc te tyránni pérdere cógitant;
Sed non relínquis præpósitus gre-
[gem :

Pastóris est veri lupórum
Dente prius rábido secári.

Clam colla tortor Mártyris ámputat,
Labémque magno pónere nómini
Prægéstit ; at, fuso cruóre,
Majus erit véniens in ævum.

Sit summa Patri, súmmaque Fí-
[lio;
Utríque compar sit tibi, Spíritus,
Laus, qui coronásti suprémos
Pontíficis mériti labóres.
Amen.

AUTRE CHANT DE LA MÊME HYMNE.

Nº 63.
Du 5.

Ur-bem, pa- rén-tes, se quo-que dé-se-rit Fir-mí-nus ;

ut quo non si- ne Spí-ri-tus Cœ-lés-tis af- flá- tu vo-cá-

tur, Ap-pró-pe- ret ge-ne- ró-sus e- xul.

HYMNE DE LA SAINTE CROIX.

Nº 64.
Du 1.

Crux al -ma, sal-ve, crux ve-ne- rá-bi-lis, tor-rén-te

Chris-ti sán-gui-nis é- bri-a : Tes-tis do- ló-rum, tu su-pré-

ma Ver-ba De- i mo-ri- én-tis au- dis.

7º. Hymnes dont les strophes sont composées de six petits vers
iambiques.

HYMNE DES VÊPRES DE LA DÉDICACE.

Nº 65.
Du 4.

Cœ- lès- tis urbs Je- rú- sa- lem, Be- á- ta pa- cis

ví- si- o, Quæ cel-sa de vi- vén-ti- bus Sa-xis ad

as-tra tól- le- ris, Spon-sǽ-que ri-tu cín-ge- ris Mil-le' An-ge-

ló-rum mil-li- bus.

O sorte nupta próspera,	Scalpri salúbris íctibus,
Dotáta Patris glória,	Et tunsióne plúrima,
Respérsa Sponsi grátia,	Fabri políta málleo
Regína formosíssima,	Hanc saxa molem cónstruunt,
Christo jugáta Príncipi,	Aptísque juncta néxibus
Cœli corúsca Civitas.	Locántur in fastígio.
Hic margarítis émicant,	Decus parénti débitum
Paténtque cunctis óstia;	Sit usquequáque' Altíssimo,
Virtúte namque prævia	Natóque Patris único,
Mortális illuc dúcitur,	Et ínclyto Paráclito,
Amóre Christi pércitus,	Cui laus, potéstas, glória,
Torménta quisquis sústinet.	Ætérna sit per sécula. Amen.

8°. Hymnes dont les strophes sont composées de quatre grands vers Iambiques.

HYMNE DES VÊPRES DE SAINT PIERRE ET SAINT PAUL.

29 JUIN.

N° 66.
Du 6.

De-có-ra lux æ - ter-ni-tá-tis, áu-re-am Di-em be-

á- tis ir- ri-gá-vit í- gni-bus, A-pos-to- ló-rum quæ co-ró-nat

prín-ci-pes, Re-is-qué' in as- tra lí-be-ram pan- dit ví-am.

Mundi Magíster atque cœli Jánitor,	Vitæ senátum laureáti póssident.
Romæ paréntes, Arbitríque Gén- [tium,	O Roma felix, quæ duórum Prín- [cipum
Per ensis ille', hic per crucis vic- [tor necem,	Es consecráta glorióso sánguine,
	Horum cruóre purpuráta, cǽteras

Excéllis orbis una pulchritúdines. | In unitáte quæ gubérnat ómnia,
Sit Trinitáti sempitérna glória, | Per univérsa seculórum sécula.
Honor, potéstas atque jubilátio, | Amen.

HYMNE DE LA CONVERSION DE SAINT PAUL.

25 JANVIER.

Egrégie doctor... *Cette hymne se chante comme le n° 66.*

9°. Hymnes dont les strophes sont composées de cinq grands vers Iambiques.

HYMNE DE SAINT PIERRE-ÈS-LIENS.

1er AOUT.

N° 67.
Du 6.

Mi-ris mo-dis re-pén-te li-ber, fér-re-a, Chris-to ju-

bén-te, vin-cla Pe-trus é-xu-it: O-ví-lis il-le Pas-tor et Rec-

tor gre-gis Vi-tæ re-clú-dit pás-cu-*a*' et fon-tes sa-cros,

O-vés-que ser-vat cré-di-tas, ar-cet lu-pos.

Patri perénne sit per ævum glória, | Honor tibi, decúsque; sancta jú-
Tibíque laudes concinámus ín- | [giter
[clytas, | Laudétur omne Trínitas per sé-
Ætérne Nate; sit, supérne Spíritus, | [culum.

HYMNE DES VÊPRES DE LA CHAIRE DE SAINT PIERRE.

Quodcúmque' in orbe... *Cette hymne se chante comme le n° 67.*

10°. Hymnes dont les strophes sont composées d'un grand vers Iambique, d'un petit Archiloquien et d'un petit Iambique.

HYMNE DES VÊPRES DE SAINTE ÉLISABETH.

8 JUILLET.

N° 68.
Du 5.

Do-má-re cor-dis ím-pe-tus E-lí-sa-beth Fortis, i-

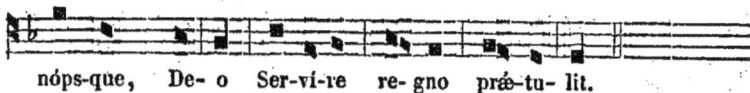

nóps-que, De- o Ser-ví-re re- gno præ-tu- lit.

11°. Hymnes dont les strophes sont composées de quatre vers Coriambiques-Alcmaniens.

HYMNE DE L'ASSOMPTION.

N° 69. *Du 5.*

O vos æ- thé- re- i, pláu- di-te, Ci- ves ! Hæc

est il- la di- es cla-ra tri- úm-pho, Qua Ma-trem plá-ci-

da mor-te so- lú-tam, Na- tus si-dé-re- a sús-ci-pit au-la.

12°. Hymne dont les strophes sont composées de quatre vers de six syllabes, d'une quantité irrégulière.

HYMNE DE LA SAINTE VIERGE.

N° 70. *Du 1.*

A- ve, ma-ris stel- la, De- i Ma-ter al- ma, At-

que sem-per vir- go, Fe- lix cœ- li por- ta.

Sumens illud Ave,
Gabriélis ore,
Funda nos in pace,
Mutans Evæ nomen.

Solve vincla reis,
Profer lumen cæcis,
Mala nostra pelle,
Bona cuncta posce.

Monstra te' esse matrem,
Sumat pér te preces
Qui pro nobis natus,
Tulit esse tuus.

Virgo singuláris,
Inter omnes mitis,
Nos culpis solútos,
Mites fac et castos.

Vitam præsta puram,
Iter para tutum;
Ut vidéntes Jesum,
Semper collætémur.

Sit laus Deo Patri,
Summo Christo decus,
Spirítui sancto;
Tribus honor unus. Amen

9.

AUTRE CHANT DE LA MÊME HYMNE.

N° 71.
Du 5.

A- ve, ma-ris stel-la, De- i Ma-ter al- ma, At-

que sem-per Vir- go, Fe- lix cœ-li por- ta.

AUTRE CHANT DE LA MÊME HYMNE.

N° 72.
Du 6.

A- ve, ma-ris stel-la, De- i Ma-ter al- ma, At-

que sem-per Vir- go, Fe- lix cœ-li por- ta.

AUTRE CHANT DE LA MÊME HYMNE.

N° 73.
Du 5.

A- ve, ma-ris stel- la, De- i Ma-ter al- ma, At-

que sem-per Vir- go, Fe- lix cœ-li por- ta.

PARAGRAPHE SECOND. — DU CHANT DES PROSES.

Les proses sont des espèces d'hymnes ou de cantiques latins, dont les vers, quoique réguliers pour le nombre des syllabes, ne sont cependant pas composés d'après les règles de la prosodie; elles portent le nom de proses, parce qu'en effet c'est de la prose mise en forme de vers et souvent rimée. Telles sont les hymnes du saint nom de Jésus; celles du Saint-Sacrement, *Pange lingua, Sacris solemniis, Verbum supernum;* les proses *Lauda Sion, Stabat mater, Victimæ paschali, Veni sancte Spiritus, Dies iræ, etc.* La seule règle observée dans la composition de ces proses consistait à faire brève ou longue, la pénultième syllabe de chaque vers, et pour cela on devait les chanter en pur plain-chant, sans mesure ni cadence.

Cependant des chantres modernes, trouvant qu'il serait plus gracieux de chanter ces proses en chant cadencé, placèrent indistinctement des notes brèves sur des syllabes fortes, et des notes longues sur des syllabes faibles corrélatives, sans faire attention qu'un tel arrangement jurait à l'oreille et produisait un chant barbare. Ils firent plus : ils composèrent grand nombre d'autres proses, sans mettre autrement les syllabes en rapport avec les notes. On ne peut autoriser un tel désordre : si l'Église ne demande pas un chant sublime, si même elle admet un chant simple dans ses offices, elle ne saurait approuver un chant trivial, un chant où les règles de la quantité seraient violées de manière à provoquer le blâme et le dégoût des hommes instruits. On réprouvera toujours comme vicieuse, par exemple, la prononciation suivante :

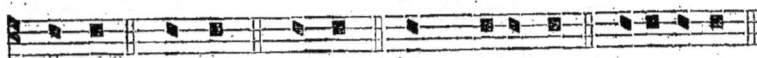

Ver-bum ; car-nem ; fac-tum ; fac, Cre-á- tor ; Cre-a-tó-rem ;

plau-dá-mus ; Ju-dǽ-a ; non ín-vi-de ; ór-pha-nos ; súp-pli-ca.

Jo-án-nes ; al-le-lú-ia ; re-gna-tú-ra ; Rex cœ-lés-tis ; mo-nu-mén-tum ;

défauts qui se rencontrent presque à chaque strophe dans ces sortes de proses. On devra donc les chanter en pur plain-chant ; sinon, les réformer ou les rejeter entièrement.

La règle à observer dans la correction ou la composition de proses auxquelles on voudrait adapter un chant cadencé, consiste à ne point placer des syllabes faibles sous des notes exprimant un temps fort, et en même temps des syllabes fortes corrélatives sous des notes exprimant un temps faible, et *vice versa*.

Quant aux proses du Missel romain, il ne peut être question de les réformer ni de les rejeter, mais il sera toujours interdit de les chanter en chant cadencé, au moins, les strophes ou les vers qui n'offrent pas une quantité régulière.

On peut remarquer que dans les proses *Pange lingua*, *Veni sancte Spiritus*, par exemple, toutes les syllabes à l'exception des mots *recumbens*, *in æstu*, *in fletu*, *tuorum*, *da tuis*, sont alternativement fortes et faibles.

Voici notées pour exemples quelques proses où la quantité prosaïque des syllabes est parfaitement en rapport avec le chant.

Ces proses pourraient se chanter à dévotion en guise de cantiques spirituels, par exemple, aux saluts ou prières du soir, et dans d'autres circonstances.

PROSE DE NOEL.

No 1.
Du 5.

1. Æ-tér-ni Ver-bum Nú-mi-nis In-dú-tum car-ne
2. A-pér-ta sunt o-rá-cu-la An-ti-quis clau-sa

pán-gi-mus, E ma-tris si nu vir-gi-nis Pro no-bis na-tum
pá-tri-bus: Pro-mis-sus per tot sé-cu-la Mes-si-as da-tur

có-li-mus. 3. Tu, Béth-le-em, non mí-ni-ma In
gén-ti-bus. 4. Non dó-mi-bus ex-ci-pi-tur, Quæ

Is-ra-el es cí-vi-tas, Laus ec-ce ti-bi má-xi-ma Hæc
De-i mox pu-ér-pe-ra, Et in præ-sé-pe stér-ni-tur, Mo-

ín-cly-ta na-tí-vi-tas. 5. Qui cœ-lum no-vit ré-ge-
vén-tur pér quem si-de-ra. 6. A-dés-te, pu-ri Spi-ri-

re, Pan-ní-cu-lis cons-trín-gi-tur; E ma-tris pen-det
tus, In-fán-ti De-o pláu-di-te; Tel-lú-ri da-tum

ú-be-re Quo mun-dus De-o pás-ci-tur. 7. In al-tis
cœ-li-tus Di-ví-num mu-nus pán-gi-te. 8. Re-líc-tis,

De-o gló-ri-a, In ter-ra pax ho-mi-ni-bus: Com-mú-nis
ci-ti, gré-gi-bus, Pas-tó-res, huc ac-cé-di-te: Pas-tó-rum

da-tur pá-tri-a Et Di-vis et ho-mi-ni-bus. 9. Æ-tér-nus
du-ci cán-ti-bus Ho-nó-res pri-mi sól-vi-te. 10. Ca-dú-ca

sic se dé-pri-mit Ut ho-mo sal-vet hó-mi-nem, Et
mun-di fú-ge-re Nos De-us na-tus pró-vo-cet: Di-

no-vam quam nunc éx-pri-mit Trans-fór-met in i-
ví-ti- as con- tém-ne- re E- gé-nus fac- tus

má-gi-nem. 11. Si- ti- tis qui jus- ti- ti- am, Hor-rén-tes
é-do- cet. 12. Cum pro-nis er- go mén-ti-bus, Re- cén-ti

a fal- lá-ci- bus, Hau- ri- te ple-nis grá-ti- am De Sal-va-
Re- gi gén-ti- um, A- dús-ta sa- cris í-gni-bus Se cor-da

tó-ris fón-ti- bus. 13. *Lente.* Tu no- vi par-tus cóns-ci-
li-tent óm-ni - um. 14. Qui nos-tri, De- us, nás-ce-

a, Fac, Vir-go, do- net Fí-li- us, Ut cri- mi- nis mens
ris Cum cór-po- ris ve- lá-mi- ne, In re-gnis tu- o

nés-ci- a Fru- á- tur pa-ce plé- ni- us.
sú-pe- ris Da nos ves- ti- ri lú- mi- ne. A- men.

PROSE DE L'ÉPIPHANIE.

No 2.
Du 1. 1. Mi- cat lux, ac- cúr-ri- te, Je- su cor-da súb-di-
2. Stel- la fo- ris præ- di- cat, In-tus fi-des ín-di-

te Re- gi no- vo gén-ti- um. 3. Huc af- fér- te
cat Re-demp- tó- rem óm-ni- um. 4. E- rit hæc gra-

mú-ne- ra, Vo-lun- tá-te li- be- ra, Mú-ne- ra sed cór-di-
tís-si- ma Sal-va- tó- ri víc-ti- ma, Men-tis sa- cri- fi- ci-

um. 5. Of-fert au- rùm chá-ri- tas, Myr-rham et aus-
um. 6. Au- ro Rex a- gnós-ci- tur, Ho- mo myr- rha

té- ri- tas, Thus et de-si- dé- ri- um. 7. Non, Ju- dǽ- a,
có-li- tur, Thu- re De-us gén-ti- um. 8. Post cus- tó-des

gén- ti- bus In- vi- de gau-dén-ti- bus Pán- di- tum mys-
ó- vi- um Ma-gi se fi- dé- li- um Jun-gunt in con-

té- ri- um. 9. Qui Ju- dǽ- os ád- vo- cat, Chris-tus
sór- ti- um. 10. Bé- thle- em fit hó- di- e Tó- ti-

gen-tes cón-vo- cat U-num in tu- gú- ri- um. *Lentè.* 11. Re-gnet
us Ec- clé-si- æ O- ri- én- tis gré-mi-um.

Chris-tus cór-di- bus, Vic-tis et re- bél-li- bus Pró-fe- rat im-

pé- ri- um. A- men.

PROSE DE PAQUES.

No. 3.
Du 2.

O Fi- li- i et fi- li- æ, Cœ- lés-tis Prin-ceps

gló-ri- æ A mor-te sur-git hó- di- e; Al- le- lú- ia.

Le Chœur. Al-le- lú- ia, al- le- lú- ia, al- le- lú- ia.

Non lucis orto sídere,
Venérunt Corpus própere
Mulíeres inúngere;
　Allelúia.

A Magdaléna móniti,
Certátim currunt túmuli
Ad óstium discípuli ;
　Allelúia.

In albis sedens Angelus
Respóndit Muliéribus :
Jam resurréxit Dóminus ;
　Allelúia

Joánnes sed apóstolus
Cucúrrit Petro cítius ;
Ad metam venit ócius ;
　Allelúia.

Discípulis astántibus,
In médio stat Dóminus,
Pax vobis, dicens, ómnibus;
  Allelúia.

Audívit postquam Dídymus
Quod resurréxit Dóminus,
Remánsit fide dúbius;
  Allelúia.

In plagas, Thoma, réspice,
In latus manum injice;
Amóri fidem ádjice;
  Allelúia.

Cum manu latus tétigit,
Cum visu plagas óbiit,

In Jesu Deum cóluit;
  Allelúia

Beáti qui non víderint,
Et firmiter credíderint,
Ætérnam vitam nóverint;
  Allelúia.

Hoc in pascháli gáudio
Laus atque jubilátio:
Benedicámus Dómino;
  Allelúia.

De quibus nos humíllimas,
Devótas atque débitas
Dicámus Deo grátias;
  Allelúia.

PROSE DE L'ASCENSION.

1. So-lém-nis hæc fes-tí-vi-tas Di-lá-tet cor-dis
2. Con-frác-to mor-tis só-li-o, Trans-cén-dens Chris-tus

gáu-di-um, Per-én-nis qua fe-li-ci-tas Pro-pó-ni-tur in
æ-the-ra Re-líc-tos in ex-í-li-o Nos cón-vo-cat ad

præ-mi-um. 3. Nec su-os præ-sens ám-pli-us Ad luc-tas
sí-de-ra. 4. Sat dú-bi-is ap-pá-ru-it, Sat ro-bo-

doc-tor íns-tru-et, Nec o-re mi-ti dú-ri-us Ip-só-rum
rá-vit pá-vi-dos, Sat ru-des ter-ris dó-cu-it; Ad cœ-los

cor re-dár-gu-et. 5. Sa-lú-tis, in-quit, nún-ti-um Per
mi-grat ín-vi-dos. 6. At quis-quam fer-vens pré-ci-bus Non

gen-tes la-tè spár-ge-re, Et sa-cra sor-des mén-ti-um Cu-
ci-vi-tá-tem dé-se-rat, Ab al-to do-nec vó-ci-bus Vim

rá- te lym-pha tér-ge- re. 7. Sic fa- tus, cla-ris nú- bi-
Di-vum Fla-men in- fe- rat. 8. Qui pe-ne- trá-vit in- fe-

bus As- súr- gens cir-cum- té- gi- tur, Et ó- cu- lis mi-
ras Re-démp-tor do- mos pá- ci- fer, In æ-des in- trat

rán-ti- bus Per au- ras o- vans rá-pi- tur. 9. Par ré- gi-
sú-pe- ras Su- pré-mus or- bis Lé- gi- fer. 10. Con- ré-gnans

bus cons- pí- cu- is It só- ci- a cap- tí- vi- tas: Se vic-tis
Pa- tris déx-te- ra, To-nán-tis i- ram tém-pe-rat; Et du-ra

pal- ma, mór-tu- is Se præ-bet im-mor- tá- li- tas. 11. Ut
mons-trans vúl-ne- ra, A- mí-cum re- is præ-pa-rat. 12. As-

á- bi- it, sic vé-ni- et Re- véc-tus nu- bis só-li- o: Tunc
si-du- um con- cí-pi- te, O Chris-ti mem-bra, stú-di- um, Ut

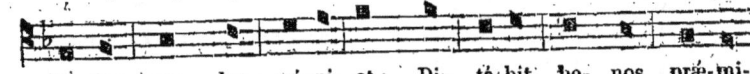

Ju-dex ma- los pú-ni- et; Di- tá-bit bo- nos præ-mi-
árc-ti- us cum Cá-pi- te In cœ-lo sit con-sór-ti-

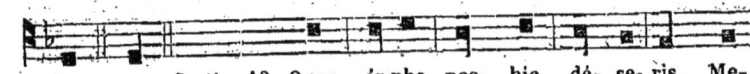

; o. Lenté. 13. Quos ór-pha- nos hic dé- se- ris, Meum. 14. De- vó- tis ti- bi mén-ti-bus Lu-

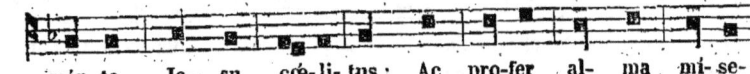

mén-to, Je- su, cœ-li-tus; Ac pro-fer al- ma mi-se-
cés- cat per te vé- ri- tas: Suc-cén-sis per te cór-di-

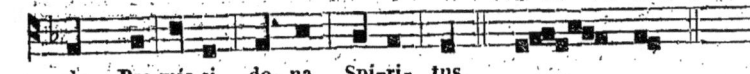

ris Pro-mis-si do- na Spí-ri- tus.
bus Di- ví-na fla-gret chá-ri- tas. A- men.

PROSE DU SACRÉ-COEUR DE JÉSUS.

No 5.
Du 5.

1. Ve- ni- te, Gen-tes, cúr- ri- te; Cor Je- su vo- cat
2. En il- la vo- bis pán-di- tur A- mó-ris for-nax

Ré-gi- um : Nil mí-ti- us, con- fi- di- té : A- mó-ris est in-
í-gne- a : En mi-li- tis re- clú-di- tur Is grá-ti- æ fons

cén-di- um. 3. A- mó-ris, o Cor, víc-ti- ma, A- mó-re
lán-ce- a. 4. Tu náu-fra- gis Are- fú- gi-um, Se- cú-ra

nos- tri sáu-ci-um, Mor-tá-li- um spes úl- ti- ma, So- lá-men
pax fi- dé-li-bus, Fa-mé-li- cis e- dú- li- um, A- sý-lum

hic mœ- rén-ti- um. 5. Hic cas-ta spe-rant ós- cu- la Ni-
re- is mén-ti- bus. 6. Hic tu-la mi- les ins-tru-it, Pa-

tés-cunt qui-bus vír- gi- nes; Hic pa-cis ta- ber- ná-cu-
vó- re pul-so, præ-li- a : Hic vi-tam mar-tyr rés-pu-

la quæ pi- os be- ant hó-mi- nes. 7. A- mó- re Rec-tus
it Æ- tér-na spi-rans præ-mi- a. 8. Re- clú-sum gran-di

é- bri-um, A- mó-re nos i- né- bri- a : Tu nec-tar
vúl-ne-re Te de-dit a- mor pér- vi-um, Hor- táns-que

cœ- li ci- vi- um, Da pu- ra vi-tæ gáu-di- a.
nos per- vá-de- re Re- clú-sit no-bis ós- ti- um.

10

Lente. 9. A- pér- tis ve-nis óm-ni- bus, Quos a-blu- is- ti
10. A- mi-cum pu-ris mén-ti- bus, Cor óm-ni- bus pro-

sán-gui- ne Nos In- ti- nis re- cés- si- bus, Re-
pí- ti- um, A- mán-dum cunc- tis cór-di- bus In

cep-tos sem-per cón- ti- ne.
cor-de re- gnes óm- ni- um. A- men.

PROSE DE SAINT JEAN-BAPTISTE.

N° 6.
Du 1.

1. His Jo- án-nes gáu-di- a Ter- ris Fert cœ- lés- ti-
2. Si- nu pro-dit sté- ri- li, Chris-to, sor- te nó-bi-

a Va- tes va- tum má- xi- mus. 3. Hunc au- ró- ram
li, Ceu vox Ver- bo, pró-xi- mus. 4. Hir- ta ves- te

grá- ti- æ Spe-cus nox im- pér-vi- æ Ve-lat ab in- fán-ti-
té-gi- tur, Es- ca vi- li pás-ci- tur, Mel-la gus- tat ób-vi-

a. 5. Ple- nus al- to Nú- mi- ne, Qui per an- tra si- lu-
a. 6. Re-demp- tó-ris vér- ti- cem Tre- mens servus á-blu-

it, In Jor- dá-nis flú- mi- ne Tu- ba gran-dis só-nu- it.
it; Per hunc pa-tet in- di-cem A-gnus qui nos di- lu- it.

7. A- mans ad præ- sén-ti- am Spon-si gau-det óp-ti-
8. Quam lu- cér- na fér- vi-dis fla-grat hæc ar- dó-ri-

mus; Chris-to ser-vat gló-ri-am Tes-tis fi- de- lis-si-
-bus, Tam co- rús-cat splén-di- dis Un-di- que ful- gó-ri-

mus. 9. Hic Præ- cúr-sor tan-ti Re-gis, U- tri-ús-que
-bus. 10. Hic as- sér-tor æ-qui- tá- tis, Pro-pu-gná-tor

ne-xus le-gis, Non-dum nas-cens re- ná-tus est, Ta-reus
cas-ti- tá- tis, In-dex sú- pe- ri lú-mi- nis, Vir-go

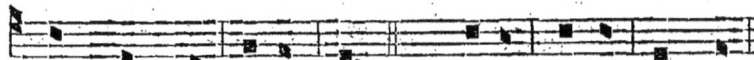

quid non ef- fá-tus est? 11. Au-læ sce-lus in- sec-
nés- ci- us cri-mi- nis, 12. Sce-le- rá- ta dum sal-

tá- tur, Et ca-té- nis al- li- gá- tur: Már-ty-
-tá- bat Thá- la- mós-que rex fœ- dá- bat, Jus-ti

rum dux ob-trun-cá- tur Ex-e- crán-dis é- pu- lis.
cru- or flu-i- tá- bat Di-ris mis-tus pó-cu- lis.

13. *Lenté.* Chris-tum, Va-tes, qui nas-cén-do Præ- di- cas et
14. A- gnum præ-be jam pla-cá-tum, Tu præ cunc-tis

mo- ri- én- do, Fac nos i- re sub-se- quén-do Tu-a
quem lau- dá- tum, Om- ni gen-te præ-di- cá-tum, In-gens

per ves- ti- gi- a. 15. In cœ- lés-ti cú-ri- a A-gno sit vic-
or- nat gló- ri- a.

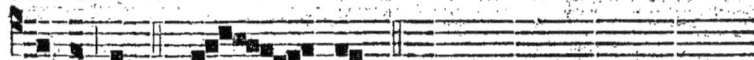

tó- ri- a. A- men.

PROSE DE SAINT PIERRE ET SAINT PAUL.

N° 7.
Du 6.

1. Te lau- da- mus, o Re- gna- tor, O pas- to- rum,
2. Ti- bi me-mor gra- tu- lé- tur, Et con- cés-sis

Chris-te, Pas-tor, Sum-mis in prin- ci- pi- bus. 3. Hi sunt
glo- ri- tur Pi- a plebs pa- rén- ti- bus. 4. Hi bis

Si- on fun- da- mén- ta, Hi co- lúm- næ, ful- ci- mén- ta,
se- næ tur- bæ du- ces, Hi stel- lán- tis au- læ fa- ces,

Tor- res, pro- pu- gná- cu- la. 5. His am- bó- bus or- bis
Or- bis et o- rá- cu- la. 6. Pe- tro ver- tex prin- ci-

ces- sit, His am- bó- bus nox re- cés- sit Pul- sa lu- mi-
pa- tus, Paû- lo ver- bi ma- gis- trá- tus Ob- ti- git in

ná- ri- bus. 7. Il- li cla- ves com- mit- tún- tur, Huic ar-
gén- ti- bus. 8. Hæc fe- cún- da, nos lac- tá- runt O- re,

cá- næ res pan- dún- tur Rap- to su- per æ- the- ra. 9. Ar-
scrip- tis et po- tá- runt, Spon- sæ ma- tris ú- be- rai. 10. A-

cem im- pé- ri- i Chris- to sub- ji- ci- unt; Et sa- cer-
thlé- tæ fér- vi- di dé- bel- lant nú- mi- na: Tor- rén- tes

dô- ti- i Ca- put sta- bi- li- unt. 11. Na- vis Pe- tri
lim- pi- di Ma- nant ut flu- mi- na. 12. Quin O- lým- pus

non quas-sa-tur, Con- tra fluc-tus ob-fir-ma-tur; Hæc in
re- se- ra-tur, Vel in- di-gnis ob-se-ra-tur; Sors æ-

ar- ca grex sal-va-tur In-te- ger cre- dén-ti- um. 13. Quan- ta
tér-na tem- pe-ra-tur Pe-tri per ju- di- ci- um. 14. Hic tri-

cœ- lo mer-ces da-tur! Cru- ce Pe-trus con-sum-ma-tur,
ûm-phus bel- la- tó-rum; Hæc co- ró- na Ma- gis- tró-rum;

En-se Pau- lus ob-trun- ca-tur: Sic se li- tant hós-ti- æ.
Gé-mi- na sic o- cu- ló-rum Mi- cat lux Ec- clé- si- æ.

15. Lenté. Pe- tre ra-dix u- ni-tá-tis, Pau- le, ju-bar
16. Quos in fi- de ge-nu-ís- tis, Quos præ- cép-tis

ve- ri- tá- tis, Su- per as-tra qui re-gná-tis, Da- tæ
im-bu- ís- tis, Quos ex- êm-plo do- cu- ís- tis, Quos cru-

ju-re po-tes- tá- tis Nos e cœ- lo ré- gi- te.
ó- re per-fu- dís- tis, De- o nos con-jún- gi- te. A- men.

PROSE DE L'ASSOMPTION.

No 8.
Du 5.

1. Pláu-di- te cum Sú- pe- ris : Ar- ca no- vi fœ-de-
2. Al- to re- gnat só- li- o, Junc-ta Ma-ter Fí- li-

ris Tem-plo se- det gló-ri- æ. 3. Quan-to Na-tus fé- no-
o, Pár- ti- ceps vic- tó- ri- æ. 4. Cir-cum- fú- sa lú-mi-

10.

ré, Quos do- lo- res péc-to- re Pér-tu- lit, re-mu-ne-
ne, So- lo mi-nor Nú-mi-ne, Bo- nis quot ex- ú- be-

rat ! 5. Ip- sa fit fons grá-ti- æ, Fon- tem quæ jus-
rat ! 6. Ma-tris per suf- fra-gi-um, Quis o- ra- vit

di- ti- æ Si- nu su- o pro-tu-lit, 7. Vir- go cœ- lo
Fi- li-um, Et non do-na ré tu- lit ? 8. Re-gnet in pec-

cel-si- or, An-ge- lis- que pu-ri- or, No- bis sis pro-
to- ri- bus, Re-gnet in o- pe-ri- bus, Qua di- tá- ris

pli- ti- a. 9. Lenta Nos-tra te gens ob-se-crat ; Ti- bi se Rex
gra-ti- a. 10. Sal-va gen- tem Gal-li- æ ; Ama di- ci

con-se- crat Su- um et im- pe-ri- um.
pa-tri- æ Tu-tum pa- tro- ci- ni- um ; A- men.

PROSE DE LA TOUSSAINT.

1. Ex- ul-tet lau-di-bus Cœ- lés- tis cu-ri- a :
2. Be- a- ti- tu-di- nis Qui se fons á- pe- rit,

Ter- ra Cœ- li- ti- bus Quos or- nat glô-ri- a, Ap-
Æ- ter- ni lu-mi-nis Splen- do-rem in se- rit Su-

plau-dat can-ti-bus 3. Nu- da to Nu-mi- ne, A- gnus qui
per-nis Men-ti-bus ! 4. Non est qui Fi-li- o Ma- tre sit

cér-ni- tur, In su-o sán-gui- ne Ad- huc im-mér-gi-
pró- pi- or; E- réc-ta só- li- o, Et cœ- lo pú- ri-

tur Per- én- nis hós- ti- a. 5. Va- tes cum Pá- tri-
or, Ple- na stat grá- ti- a. 6. Quo-rum e- ló- qui-

bus An- ti- qui fœ- de- ris, Cum cœ- li ci-vi- bus,
is Cre- vit Re- li- gi- o, Bis- sé-nis só- li- is,

Æ- tér- ni mú- ne- ris. Gau- dent par- ti- ci- pes.
Sanc- to col- lé- gi- o. As- si- dunt Prín- ci- pes.

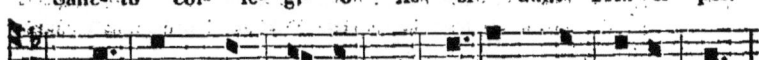

7. Cœ- tus qui pér- tu- lit For- te mar- ty- ri- um,
8. Quon- dam præ- pó- si- ti Pas- cén- dis pó- pu- lis,

Quam De- us dé- tu- lit, Fert mor- tis præ- mi- um, Pal-
Po- tán- tur, pó- si- ti Ple- nis in é- pu- lis, Tor-

mam vic- tó- ri- æ. 9. Doc- tó- res lú- ci- di, Vic- tis er-
rén- te gló- ri- æ. 10. O- lim in lá- cry- mis Qui se- men

ró- ri- bus, In De- o plá- ci- di, Pu- ris de fón- ti-
mi- se- rant, Læ- tis nunc á- ni- mis, Quos mœs- ti sé- ve-

bus, Ve- rum ex- háu- ri- unt. 11. Junc- tæ Vir- gí- ni-
rant Eruc- tus ex- ci- pi- unt. 12. Om- nes in lú- mi-

bus Pu- dí- cæ fé- mi- næ, Al- bis cum vés- ti- bus Cur-
nis Im- mér- si flú- mi- ne, Ter sanc- ti Nú- mi- nis Per-

runt in ág-ni- ne Ad A- gui núp-ti- as. 13. Lenté Ves-
en- ni cár-mi- ne Can- tant de- li- ci- as. 14. Pér

tris suc- cúr-ri- te, O Sanc-ti fi- li- is; Ad por-tum
vos ex- pós-ci-mus, Ut, qui vos mú-ne- rat, De- us al-

dú-ci- te Quos nos-tis mé- di- is Luc- tá- ri flúc- ti-bus.
tis-si-mus In nos-tris in- se- rat A- mó-rem cor-di-bus.

PROSE DE LA DÉDICACE.

Nº 10.
Du 5.

1. Er- go ne cœ- lés-ti- um Auc-tor et Rex má-xi-
2. Si su-bli- mes æ-the- ris Or-bes hunc non cá-pi-

mus Am- bit hic hos- pi- ti- um, Fit- que no- bis
unt, Quan-to mi- nus éx-te- ris Mœ- ni- bus hunc,

pró- xi- mus, Tem-plis et in- há- bi- tat? 3. Tu- a
am-bi- unt Fór- ni- ces quos há- bi- tat! 4. Quis pro-

quam pa- lá- ti- a Pu-ra de- cet sanc-ti- tas; Tu- a
ta- nis pé- di-bus Au-de- at ac- cé-de- re; Quis pol-

quam sa- cra- ri- a Fer- vens de-cet pi- e- tas, De- us
lú- tis vó- ci-bus Hym-nos ti- bi cá-ne- re, Hos- pes

for- mi-dá-bi- lis! 5. Sa- cro gens bap- tis-ma- te Hic fi-
ó ter- ri-bi- lis? 6. Hic et Pe- tri clá- vi-bus Re- us

dé- lis nás-ci- túr, Hic di- ví- no chris-ma- te Ad cer-
vin-clis sól-vi- túr, Hic di- ví- næ dá- pi-bus Car- nis

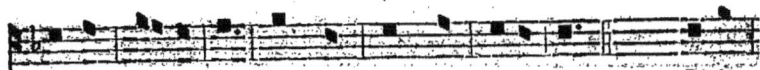

tamen ún-gi-tur Et pin-gués-cit grá-ti-a. 7. Pi-is
jus-tus, pás-ci-tur A-gni per con-ví-vi-a. 8. Lenté. Pa-ter,

hic ser-mó-ni-bus Ré-so-nant sub-sél-li-a : Mó-ni-
quos hic ín-ti-mis A-do-rán-tes cór-di-bus Sús-ti-

tis cœ-lés-ti-bus Dis-cit, hic in-fàn-ti-a Ru-di-
nes, et vic-ti-mis Te pla-cán-tes pin-gui-bus, Spec-ta

mén-ta fi-de-i.
ser-vos Fí-li-i. A-men.

PROSE DE L'IMMACULÉE CONCEPTION.

N° 11.
Du 1.

1. E-va pa-rens, quid fe-cís-ti, Quæ pro-mís-sis
2. Vi-tam no-bis abs-tu-lís-ti, Cœ-li vi-am

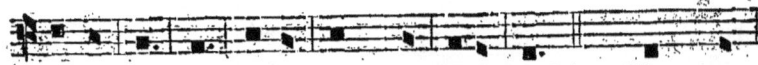

cre-di-dís-ti, Dæ-mo-nis men-dá-ci-bus? 3. Hinc pec-
præ-clu-sís-ti Mi-se-ris ho-mi-ni-bus. 4. E-væ

ca-te man-ci-pá-tum, Fœ-da la-be ma-cu-lá-tum
Vir-go re-pa-rá-trix, Et ser-pén-tis in-ter-féc-trix,

Nos-trum ge-nus nás-ci-tur. 5. Dra-co ma-gnus pa-rat
In-no-cens con-ci-pi-tur. 6. Il-la Chris-tum pa-ri-

ic-tus: Sur-git Vir-go; ca-dit vic-tus; Jam tri-
tú-ra; Mun-di Sa-lus est fu-tú-ra: Ter-ra,

um-phum cá-ni-te. 7. Vir-go to-ta spe-ci-ó-sa, To-ta
Cœ-li, pláu-di-te. 8. Ra-dix Jés-se, fons si-gná-tus, Só-li

spi-nis ca-rens ro-sa; Vi-tam tu con-ci-pi-es.
De-o pa-tens hor-tus; Vir-go De-um pá-ri-es.

9. *Lentè.* Mil-le do-nis tu de-có-ra, So-lem præ-is
10. In pec-cá-tis su-mus na-ti, In A-o dá-mo

ut au-ró-ra, Tu pro no-bis sem-per ó-ra, Af-fer
vul-ne-rá-ti Et ad ma-lum in-cli-ná-ti: De-le

o-pem mi-se-ris.
la-bem scé-le-ris. A-men, a-men, a-men, a-men.

PROSE DES FÊTES DE LA SAINTE VIERGE.

N° 12.
Du 5.

1. A-ve, Vir-go vir-gi-num, Spes sa-lú-tis
2. A-ve, si-dus ni-ti-dum, Laus et de-cus

hó-mi-num; Ma-ter al-ma grá-ti-æ, 3. Con-so-lá-trix
splén-di-dum Cœ-li-tum mi-li-ti-æ. 4. Re-ge nos, nos

in-cly-ta, O-pem fer et vi-si-ta Col-luc-tán-tes
in-ci-ta; Fo-ve nos, nos ex-ci-ta Fáu-ci-bus mi-

á-ci-e. 5. A-ve, Jes-se vir-gu-la, Ro-sa ve-ris
sé-ri-æ. 6. Pec-ca-tó-rum vin-cu-la, Sol-ve pre-ce

pri- mu- la, To- ta si- ne cá- ri- e. 7. Ple- na Vir- go

sé- du- la Hú- mi- lis fa- mi- li- æ. 8. O lux be- a-

grá- ti- a, Re- ple cor- dis ín- ti- ma Cœ- li- ca tem- pé- ri- e.

tís- si- ma, Es- to no- bis lú- ci- da Ful- gens so- le gló- ri- æ

9. *Lenté*. Qui nos jun- gat sú- pe- ris, No- bis dans in déx- te-

10. Tu be- níg- na dí- ce- ris, Mi- se- ré- re mi- se-

ris Póst spem fru- i spé- ci- e.

ris, Vir- go ma- ter grá- ti- æ. A- men.

AUTRE PROSE DE NOEL.

N° 13.
Du 6.

A- dés- te, fi- dé- les, læ- ti tri- um- phán- tes; Ve-

ni- te, ve- ni- te in Bé- thle- em. *Ch.* Na- tum vi- dé- te

Re- gem An- ge- ló- rum : ve- ni- te, a- do- ré- mus, ve-

ni- te, a- do- ré- mus, ve- ni- te, a- do- ré- mus Dó- mi- num.

En grege relícto, húmiles ad cunas
Vocáti pastóres appróperant ;
Et nos ovánti gradu festinémus.

Ætérni Paréntis Fílium ætérnum
Velátum sub carne, vidébimus ;
Deum infántem, pannis involútum,

Quot infans in cunis édidit vagítus,
Quot fundit ad Patrem suspíria ;
Tot suam signis promit bonitátem.

Pro nobis egénum, pálea cubántem
Devótis colámus ampléxibus : [ret?
Sic nos amántem quis non redamá-

TABLE DES MATIÈRES.

Amiens. Typ. LAMBERT-CARON, imprimeur-libraire de Monseigneur l'Evêque.

www.ingramcontent.com/pod-product-compliance
Lightning Source LLC
Chambersburg PA
CBHW051736090426
42738CB00010B/2291